教育部"提质培优"项目资助

基于大数据的学生核心素质评价

刘宏宇　著

西安电子科技大学出版社

内 容 简 介

本书对高职学生职业发展核心素质的智慧化培养理论和大数据管理模式进行了分析。全书共六章：第一章分析了前人的研究成果，总结了学生素质管理的理论、做法和模式；第二章梳理了高职院校学生培养经验，归纳出后期需解决的问题；第三章对职业核心素质进行了界定，论述了实践依据和规则；第四章分析了职业发展核心素质培养大数据模型，介绍了模型评价机理；第五章提出了高职学生职业核心素质大数据智能化培养路径，对多校情况进行了分析归纳；第六章对全书进行了总结，对未来进行了展望。

本书适合从事学生智慧化培养研究的相关人员以及职业院校从事学生管理和评价的工作人员参考，也适合在校学生学习使用。

图书在版编目（CIP）数据

基于大数据的学生核心素质评价 / 刘宏宇著. --西安：西安电子科技大学出版社，2023.7

ISBN 978-7-5606-6868-0

Ⅰ. ①基… Ⅱ. ①刘… Ⅲ. ①高等职业教育—素质教育—教育评估

Ⅳ. ①G718.5

中国国家版本馆 CIP 数据核字(2023)第 067204 号

策　　划　李惠萍
责任编辑　雷鸿俊
出版发行　西安电子科技大学出版社(西安市太白南路 2 号)
电　　话　(029)88202421　88201467　　　邮　　编　710071
网　　址　www.xduph.com　　　　　　　电子邮箱　xdupfxb001@163.com
经　　销　新华书店
印刷单位　陕西日报印务有限公司
版　　次　2023 年 7 月第 1 版　　2023 年 7 月第 1 次印刷
开　　本　787 毫米 × 960 毫米　1/16　　印　张　12
字　　数　171 千字
印　　数　1～1000 册
定　　价　32.00 元

ISBN 978-7-5606-6868-0 / G

XDUP　7170001-1

前　言

　　党的十九大以来，党中央、国务院高度重视技能人才工作。习近平总书记多次作出重要批示，要求建立健全技能人才的培养和评价机制，助力高素质技术技能人才的培养。

　　全面建设社会主义现代化国家，需要培养更多高素质的技术技能人才。职业院校作为技能人才培养的摇篮和高地，具有广阔的发展前景。作者所在团队以社会需求为导向，聚焦"学生职业发展核心素质"，依托中国特色高水平职业学校，研究技术技能人才的培养和评价问题，并以大数据技术为突破口，对当前高职院校技能人才的培养和评价进行了创新，期望在一定程度上推动高职教育的高质量发展。

　　本书的核心是高职学生职业发展核心素质体系。作者所在团队通过分析相关理论，构建对应的数字评价模型，从多个角度对智慧化培养理论及实践进行了探索，并研究了基于大数据的学生素质管理模型。本书首先对前人的研究成果进行了总结和归纳，主要涉及学生素质管理的理论、方法和评价模式；其次，分析了国内外高职院校学生培养的现状，发掘出共性问题，将其列为后期需要着手解决的研究点；接着对职业核心素质的概念进行了界定，并总结和归纳了相关实践依据和规则；然后，在上述基础上，构建了职业发展核心素质大数据模型，包括指标设置、数据采集及分析，以及综合评分体制；之后，基于大数据模型，提出了高职院校学生职业核心素质智能化培养理论和模型，以信息技术为支撑，对多个样本学校的情况进行了分析；最后，对全书内容进行了总结，并对未来进行了展望。

　　本书由重庆电子工程职业学院的刘宏宇教授担任主编，团队成员包括吴焱岷、张铁力、黄婧雯、邓剑勋、李汶沁、白锐、王菡、程瑞雪、郎捷、唐吕俊驰等。

　　本书是重庆电子工程职业学院"刘宏宇名班主任工作室"建设项目的实践成果汇编，也是重庆电子工程职业学院承接教育部"提质培优"项目任务的研究成果之一，得到了学校的大力支持。

　　本书在编写过程中，还得到了武春岭、童世华、何光明、徐继燕、张华敏等专家学者的悉心指教，在此表示诚挚的感谢！

　　由于作者水平有限，书中难免存在疏漏，恳请广大读者批评指正，以期不断完善。

作　者

2023 年 3 月

目　　录

第一章 绪 论

1.1 研究背景

1.1.1 职业教育

职业教育是指为使受教育者具备从事某种职业或者职业发展所需要的职业道德、科学文化与专业知识、技术技能等综合素质而实施的教育活动。职业教育与普通教育是不同的教育类型,具有同等重要的地位,是国民教育及人力资源开发体系的重要组成部分,是培养多样化人才、传承技术技能、促进就业创业的重要途径。与普通教育相比,职业教育侧重于实践技能和实际工作能力的培养。作为一种特殊类型的教育,外界对职业教育的认识是复杂多样的,总体来说,可以从广义和狭义两个角度对其概念进行解析。

从广义上来讲,考虑到教育会对个人职业发展产生影响,因此所有的教育与培训活动都以职业为导向,并且具有职业性。例如,中国现代第一部教育辞典《教育大辞典》中将职业教育界定为"是普通教育中的职业入门教育和包括职前与职后的各种职业与技术教育的总体称谓,偏重理论的应用和实践技能、实际工作能力的培养"。有学者将职业教育界定为满足人的发展、市场需求和社会经济发展所需要的一切教育活动的总和。无论什么性质、层次的教育,其实质都是以受教育者从事的职业为核心,根据其职业需要对其进行相应的职业准备教育或职业后教育。

从狭义上来讲,职业教育更关注教育的目的和包含的实质。例如,在《中国大百科全书(教育)》中,关于职业教育有如下解释:"在一定文化和专业基础上给予受教育者从事某种职业所需的知识技能的教育,目标是培养实践应用型专门人才，即各行业所需的技术人员、管理人员、技术工人和城乡劳动者。"在《辞海》中，职业教育被认为是"给予学生或在职人员从事某种生产、工作所需的知识、技能和态度的教育"。《国际教育辞典》认为职业教育是指在学校内或学校外为提高职业熟练程度而进行的全部活动，具体包括学徒活动、校内指导、课程培训、现场培训和全员再培训。有学者认为，职业教育是建立在普通教育基础之上对相关人员进行专业知识、技能与职业道德等方面的教育，以使其能够适应职业需要。也有学者认为，职业教育是现代教育的有机组成部分，是为受教育者提供的一种教育活动，倾向于将职业教育表述为培养高素质技术技能型人才的一种教育服务。

1.1.2　职业教育的目的

在我国，职业教育体系是一个具有多维度、多层次和多样性特点的复杂的综合型结构体，其主要分为社会职业培训和学校职业教育两大板块。其中，社会职业培训包括由社会培训机构、政府、企业、社区、社会团体以及正规院校所举办的各种类型和各种层次的非全日制职业培训；而学校职业教育指的是职业中学、中等专业学校、高职高专院校和应用型本科院校针对社会需求所提供的全日制职业教育。

职业教育具有鲜明的职业针对性，主要承担着培养技能应用型人才的使命。它既是以提升职业素质为基本前提的综合性素质教育，也是与职业岗位无缝对接的职业实践技能教育；它以提升学生职业素质为最终目的。

一段时期以来，高职院校在培育人才过程中出现了"重技术、技能，轻素质"的现象，以致学生职业综合素质有所欠缺，无法有效胜任就业岗位，不能更好地满足社会对培养高素质技术技能人才的需求。因此，高职院校作为为社会培养优秀技术技能人才的平台，亟须采取有效策略，在进行技术技能培养的同时，加强对学生职业综合素质的培养，使得学生能够成长为既具有扎实专业技能，又具有良好职业综合素质的复合型人才，从而增强其就业竞争力，更好地满足企业与社会发展的需求。

2016 年 9 月，北京师范大学发布了《中国学生发展核心素质》研究报告。该研究报告被公认为近年来我国对学生职业素质研究得最为深入的报告之一。报告认为：现阶段我国教育的宏观理念、高等院校的教育目标、专业学科所教授的内容及授课方式的中心环节就是提升学生的职业素质，这种观点也符合党的相关文件对我国教育方针、教育理念的解释。对于现阶段的职业教育，高职院校需要优先找准学生职业素质的理论定位，理顺高校培育人才的倾向和学生职业素质间的关系，专注于学生本身的职业教育，才能更清晰地架构高职学生职业核心素质的模型并制定相应的标准，也只有在此基础上才能探寻其培育方针及政策。这不只是对核心素质的理论延伸，更是帮助高职院校不断优化教育教学方式，提升人才培养质量的重要抓手。

1.1.3 聚焦职业素质

职业核心素质的产生与发展和经济社会的发展存在着必然的关系，是此背景下生产力与生产方式发生变化的最终产物。在职业活动中，对人才素质融入新的理解和表达，从而使职业核心素质具备了鲜明的职业特色和时代特征。从农业社会的操作技能到工业社会的职业能力，再到信息化社会的核心素质，都是不同时代职业领域人才需求对经济社会发展的直接反馈。社会职业化发展是一个不断前进的过程，随着社会分工、技术进步、生产变革交替更新，对职业素质的要求也必然趋于动态化、多元化和复合化。个体的职业素质不是与生俱来的，有形成、发展和成熟的历程，需要在教育和实践活动中动态地完善和发展。

职业素质是指具备专业技能的职业人在职业生活中应当遵守的具有职业特征的道德操守和行为准则，是职业精神的集中体现。教育学中的冰山理论认为："职业人像漂浮在水中的冰山，露出部分是行为知识和技能等，是显性职业素质；隐藏在水下的部分，占据了个体素质的八分之七，这部分内容则是由职业意识、职业道德、职业作风和职业态度等方面构成的隐性职业素质，是鉴别绩效优秀者和一般者的重要标准。"职业教育的开拓者黄炎培强调："职业教育，以教育为方法而以职业为目的者也。"聚焦职业素质就是关心职业教育到底"培养什么样的人"的问题，"谋个性之发展""为个人谋生之准备""为个人服务社会之准备"。高等职业教育的核心是职业人才培养，这既是理论上需要拓宽的，也是实践中亟待完善的教育工作。

学生的职业素质培养一般可以从以下几个方面着手：

(1) 加强校企合作，引入现代企业文化与管理经验，让学生熟悉企业文化与管理制度，学习最新专业技能，养成务实精神，遵守职业道德与规范，从而尽快适应工作岗位。

(2) 通过安排学生参与企业实践活动，培养学生团结协作、无私奉献的精神品质。

(3) 以多元化形式培养学生的职业素质，如组织学生参加社会志愿服务、技能比赛与辩论比赛等活动，锻炼其沟通交流与协同合作能力，从而促进其职业能力的全面发展。

1.2 研究意义

1.2.1 国家的重视

2019 年，国务院总理李克强在政府工作报告中提出：高职院校将大规模扩招 100 万人。随后，中华人民共和国教育部等其他部门联合印发《高职扩招专项工作实施方案》，明确 2019 年高职院校分两次面向应届高中毕业生、中职毕业生和四类社会群体实施扩招，正式拉开了高职扩招序幕。同年，国务院颁布《国家职业教育改革实施方案》(以下简称《方案》)，其中着重提到：坚持以习近平新时代中国特色社会主义思想为指导，把职业教育摆在教育改革创新和经济社会发展中更加突出的位置；完善职业教育和培训体系；鼓励和支持社会各界特别是企业积极支持职业教育。《方案》展现了我国对职业教育及高质量职业技能人才培养的高度重视。如今，随着中国特色社会主义的深入发展，我国产业转型升级及经济体系架构调整不断加速，社会对技术技能型人才的需要愈发急切，发展职业教育的重要性也正不断凸显。职业教育发展的前景必然会随着政府对职业教育的重视而愈发明朗，同时，职业教育也被赋予了更深远的意义。

国家主席习近平在 2021 年 4 月对我国职业教育工作作出重要批示，他指出在全面建设社会主义现代化国家新征程中，职业教育前途广阔、大有可为。我们要坚持党的领导，坚持正确的办学方向，坚持立德树人，优化职业教育类型定位，深化产教融合、校企合作，深入推进育人方式、办学模式、管理体制与保障机制改革，稳步发展职业本科教育，建设一批高水平职业院校和专业，推动职普融通，增强职业教育适应性，加快构建现代职业教育体系，培养更多的高素质技术技能型人才、能工巧匠、大国工匠，为全面建设社会主义现代化国家、实现中华民族伟大复兴的中国梦提供有力的人才和技能支撑。

1.2.2　智慧化培养的出现

随着信息化技术的快速发展，传统的人才培养模式已越来越不适应社会经济发展的需求，也不利于培养高素质技术技能型人才，需要研究与探索新的人才培养模式，为社会输送合格的社会主义建设者与接班人。因此，有必要研究什么是智慧化的人才培养模式，以及有哪些路径可以实现学生职业发展核心素质的智慧化培养。

关于"智慧"(Smart)一词，《辞海》的解释一是对事物能认识、辨析、判断、处理和发明创造的能力；二是才智、智谋。在朗文词典中，"Smart"包括两个方面的含义：一是"Intelligent"，即智慧的或智能的，是指事物具有良好的理解能力和思维能力；二是指一种由计算机所控制的智能化机器设备，它具备根据情境随机应变的能力。

当前，我国的职业教育改革在不断深化。一方面，专科层次的高职院校全面扩招，学生来源多元化，这直接导致以往的统一人才培养模式不再适用，需要新的智慧化的人才培养模式，即能根据学生的个体数据形成差异化的培养路径和评价机制。另一方面，在本科层次职业教育即将来临之际，多层次的职业技能人才培养更加需要研究者从智慧化培养视角进行研究，为多来源、多层次的技能人才培养体系提供有效的优化手段。通过智慧化培养，助力高校改革办学体制，不断增强职业教育活力，以大数据视角、智慧化培养视角来为职业教育提供新的思路和方法。

1.2.3　学历本位的转变

当今世界各国在发展中普遍遇到了人力资源短缺问题，也就是缺少高质素人才，因此也都在思考和研究如何更好地培养高素质人才的问题。在综合国力竞争中，人力资源越来越具有无可替代的作用，加强人力资源建设、强化教育发展，已在社会经济发展中展现出其独有的时代性和重要性。在教育发展进程中，人才的能力建设被认为是一种高层次的教育目标。目前，学习已成为人类社会接续前行最重要的方式，它是拓展个人发展前景、提升社会地位与生活层次的主要手段之一。如果人们通过高额的经济投入获得一纸文凭，却不具备相应的能力，那么这样的结果既不符合投入产出的逻辑关系，也不能让人们从拥有的文凭中获得任何精神、物质享受。

基于近年来我国高等教育发展速度迅猛、招生规模不断扩大等背景，提升高校办学水平与教育教学质量，已经成为 21 世纪我国高等教育改革发展的迫切任务，更是现阶段高等院校教育质量和教学革新的重点。《中国教育与人力资源问题报告》提出，要发展，就要完成从学历本位到能力本位的根本转变，实施能力发展战略，提高学习能力、就业能力、工作转换能力和创业能力。这为高等院校提供了培育学生实操能力的有力凭据，高职院校学生职业素质的重要性也体现得淋漓尽致。

1.3　学生职业发展核心素质与智慧化培养的关系

职业教育的最终定位是培养具有专业技能的应用型人才。随着经济社会的快速转型发展，职业与职业之间的差异变得更加模糊，职业的流动性也在不断增强，原有从业者之间的契约关系也在逐渐消失。在知识经济和信息技术的影响下，新的技能需求不断被提出，诸如"技术适应能力""岗位迁移能力""信息技术能力""数据分析能力"等，都需要被纳入新的教育目标。

在职业发展新理念的影响下，高职教育人才培养目标正由"合格的职业人"转向"全面发展的职业人"。面对科学技术的迅猛发展，仅靠过去"做加法"的方式已难以为继，迫切需要在价值取向和思维方式领域进行变革。职业核心素质概念的提出，表明了高职教育思维方式由"分析还原"到"系统综合"的转变。从价值取向来看，其关注点从对技术和技能的学习转变到了育人成才的全面发展；从思维方式来看，其目标由"线"转向了"面"。这些转变有利于建立更加系统的教育目标。

目前，学生职业核心素质理论的发展与新时代高职院校育人新需求充分融合，这昭示着信息化时代下高职院校需以技术发展、产业结构转型和职业变革为基础进行职业教育的"范式转换"。与传统意义上的教育相比，智慧化培养有利于形成职业教育的新生态链，为高校学生的职业发展实践提供无限可能。

首先，智慧化培养下的辅导员、班主任必须学习最前沿的教育教学理念，具备精准的数据分析处理能力，能精准帮助高职学生提升综合素质，发扬工匠精神，培育职业思维，以及引导学生形成创新创业的思想。

其次，智慧化培养支持平台为高校学生的职业发展核心素质教育提供了技术支持和环境保障。借助于新一代信息和通信技术，学生可以根据职业发展需求充分开发自身的职业核心素质，随时随地掌握自己的职业发展数字档案；学生与教师(或导师)之间、学生与学生之间、学生与社会之间通过各种通信工具和社交软件交流，共享职业发展资源，交互协作，有利于形成一种全链式的成长成才空间。

1.4 相关研究回顾

如何应对当前通信技术的快速发展所带来的挑战，已成为全球教育教学的研究重点。对高职院校来说，关注本校学生职业核心素质的本质，就是关注"职业教育究竟会培养怎样的人"这一根本性问题，因此必须结合当下及教育教学背景去探寻答案。

回顾近十年来关于高职院校学生职业核心素质培养的研究文献，可以将其分为三个阶段。

1.4.1 第一阶段

第一阶段是 2010—2015 年，这期间高职院校逐渐加强了对学生的职业核心能力的培养，主要方向归结为"就业为导向，服务为宗旨，能力为本位"，以提升高职学生的职业素质。现代社会对职业教育的期望值愈高，大众对高职院校职业教育水平的评价就愈严苛。评价职业教育水平，最主要的方式是考核学生毕业后的综合素质与发展潜能。这不仅成为高职学生自我发展的需求，更成为社会上各行业招聘关注的重点之一。因此，高职院校在培养新时代的高职学生时，必须根据"以就业为导向，以服务为宗旨"的职业教育目标，结合学生自身品德修养及职业素质，教授其专业技能知识，以期帮助高职学生在步入社会后，仍然有较广泛的发展空间。

在这一阶段，高职院校学生各方面的能力仅位于社会中等层次，其知识面也相对狭窄，仍不符合现代社会各类工作岗位的需求。根据相关文献的归纳，本阶段高职院校学生职业核心素质能力包含以下四个方面：

(1) 沟通与理解能力，如领悟性阅读、善于倾听、高效沟通等能力；

(2) 科学思维能力，如针对性写作、数学思维、科学分析、批判性思维等能力；

(3) 应用分析能力，如研发新品、别样的设计思路、品质把控、实操和控制等能力；

(4) 实际操作能力，如程序开发、机器修理、设备安装等能力。

在现代高职教育体系中，培养高职院校学生职业核心素质能力，已成为不可或缺的教育任务。而职业核心素质通常指学生专业能力之外的素质，是一种各行各业都极为重要的综合素质的体现。在现代职场环境体系中，职业核心素质具有不可替代、普遍适用和可转移的特点。

职业核心素质培养的出发点是紧跟职业发展前景，以职业能力为导向。因此，各职业院校在制定学生培养目标时，除了考虑传授专业知识外，还应了解当前热门职业，保证学生能触类旁通。这体现了在职业核心素质培养过程中的职业共通性、技能本位性、课业多元化、内容前瞻性、能力延展性以及职业实践性。因此，高职院校应当以职业核心素质培养的出发点为依据，构建以就业为导向的课程体系和培养模式，让每位学生在离校前拥有面对未来就业岗位的能力。

高职学生职业素质可以概括为：能适应现代产业转型升级，能主动学习企业当前和未来发展所需的技术，拥有良好的逻辑思维，并在其职业发展中具有良好的延展性和创新性。综上所述，高职学生的知识研学能力、数据分析能力、数学应用能力、人际交往能力、合作共赢能力、解决问题能力以及持续创新能力共同构成了其职业核心能力。

就业竞争力的两个核心是基本职业素质和自我提高能力。从高职学生就业所必备的职业素质来看，它包含了高职学生的技术技能、专业知识、道德操守、理想信念等多个方面；从高职学生的自我提高能力来看，要求高职学生必须结合自身实际，提高知识储备，健全心理建设，加强行为涵养，增强社交能力。

综上所述，高职学生自身的思想品德、知识储备、心理建设、个人修养和社交能力组成了高职院校职业核心素质的五大基本要素。

职业核心素质是保证高职院校教育品质的核心，是能力本位的有效载体。因此，职业核心素质的培养是高职院校的一件重要工作，也是提升高职学生就业竞争力的重要途径。做好当代高职学生职业核心素质的培养已成为现代素质教育的重要内容，也是使高职学生全面发展和适应社会的根本策略，更是"以人为本"的职业教育理念的实际要求。

为帮助高职学生应对复杂的就业形势，适应各种环境下的工作，培养他们跨界工作的综合能力，高职院校应该加大力度促进学生职业核心素质的培养。职业核心素质通常具备普适性、延展性、功能性和联合性的特点。普适性是指职业核心素质是现代各行业中都需要具备的；延展性是指其能帮助学生获得其他各类相关能力；功能性是指其具有强大的实际应用能力，并与各行业的实际情况紧密关联；联合性是指职业核心素质是由多种相关联的能力组成的系统性整体。这些特点保障了高职院校学生能在职业核心素质的帮助下适应各类工作场景。

高职院校学生的职业素质，是现代社会各行业的具体要求与学生成长的品质所组成的多维度、立体式的综合素质。其具体情况与"通识教育"有很大的差别，它代表着人文教育中的"职业形态"，同时也是现代行业需求与规则在就业者本体的内化。它包含着职业品德、个人修养、职业三观和职业规划等为主的职业内容，且概括为敬业、诚实、务实、沟通、合作、坚持、自控、学习、创意与主动等十大核心要素，充分体现了职业性、完备性、综合性、开放性、延展性与实际性等。

职业核心素质不仅仅是某一项能力的体现，还是各类知识、能力的综合应用，是一种实操能力的提高，而学以致用是职业核心素质前行的必要准则。作为高职学生职业能力培养的重点，职业核心能力是高职学生在各行各业工作中必须具备且应用广泛的个人能力，同时它在各类行业中都体现着独特的核心引领作用，是具有相通性的能力。

高职院校学生职业核心素质发展的重点工作，是提高毕业生对当代各行业不同岗位的适应能力，这也是为现代社会输送更多优秀复合型人才的必由之路，同时也是持续提高高职院校课业活力和吸引力，以及现代职业教育竞争力的根本途径。

职业核心素质的现实表达可以称为职商，职商体现了职业人本体能获得成功的内在涵养及智慧。高职院校学生的职商可总结为十大内涵：职业道德、职业形象、职业态度、职业技能、表达沟通、合作共赢、人际交往、排难解纷、创新创造与深度学习。这十大内涵是相辅相成的，都必须通过系统的学习、社会实践等主动认知活动来实现匿藏于深处的隐性素质。

高职院校培养学生职业核心素质应注重学生的学习能力、复杂信息概括能力、现代化实操能力、沟通协调能力、合作共赢能力、独立解决问题能力和创新创造能力。这些重点能力将保证高职院校学生成长为具有复合型、多元性和创新性等特点的技能技术人才，进而能适应现代经济发展，帮助产业升级转型，促进企业快速发展。

为培养高级技术技能人才，我国高职院校应重点关注现代社会各行业对人才的实际需要，以就业为导向培养能与时代发展紧密关联的技术专家，而经过职业核心素质培育的高职学生，他们已经具备比同龄人更高的就业能力，因此，高职院校构建能力本位的人才培养模式，是帮助学生融入时代的必然选择。各大企业并未将刚就业学生的专业技术技能作为考核的重要标准，而是重点关注毕业学生是否有合格的职业素质，通常企业要求刚进入工作岗位的高职学生拥有准确的自我定位、优秀的社交能力、良好的团队合作意识以及吃苦耐劳的精神品质。

1.4.2 第二阶段

第二阶段是 2016—2018 年，高校教育工作者对高职院校学生职业核心素质培养的研究已经有了细节化的成果，这些成果表明职业核心素质体系是高职学生成长过程中最重要的培育体系之一，因而应该更加紧密地联系社会实际与相关专业优势，打造有发展前景的高职院校学生职业核心素质的培育体系。

高职院校在培养学生职业核心素质时，应以中国梦为培养导向并将其穿插于人才培养的全过程，积极帮助学生架构适应社会前行的职业梦。高职院校在制定相关人才培养体系时，践行"知行合一"的理念，必须紧密结合时代需求，符合当代社会的人才培育准则，使学生会学、学会、会用、敢用，从学习中规划职业，强化学生对社会的普遍适应能力，提升学生主体的职业品德修养，增强学生主体的社会活动能力。

高职院校在培养学生职业核心素质时，需将学生社团作为培养的重要途径之一。学生社团不仅可丰富学生的课余生活，更是增强学生综合素质、开阔思维意识的重要途径。因此，高职院校在校园社团建设中应严格遵循职业教育的培育目标，将学生职业核心素质贯穿于社团建设过程，在社团活动中提高学生的综合能力，规避传统的"填鸭式"教育导致学生的抵触心理，并且学生社团能吸引兴趣相投的学生会聚在一起，相互帮助、学习，促进学生个体及学生社团的共同进步。

为保障学生职业核心素质考核的系统性、完整性，高职院校需将学生职业素质学分作为高职院校人才培养方案重要的考核指标之一，在此基础上构建更加完善的学生职业素质的考核体系。职业素质学分具备多元性，在架构这一系统的考核体系时需重点把握的基本原则是：坚持校企联考、过程结果双考、课业完成度考核、活动能力考核。

国务院于 2015 年 5 月公布《中国制造 2025》，这意味着在国家层面的背景下，高职院校在学生职业核心素质培养的道路上有了新的征程和使命。因此，学生的职业素质在当前各行各业的工作体系中就显得尤为重要。为提高学生隐性的职业素质能力，高职院校可依照教育的"冰山模型"培养学生，同时运用"内化"的方法着重塑造学生隐性的职业素质思想。

在本阶段，职业教育处于快速发展期。高职院校需要优先培养学生在成长过程中最基础、最重要的能力，就必须将教育教学的重点放在学生职业核心素质的培养上。教育部发文指出，职业教育的培养目标是加快培养复合型技术技能人才。因此，接受过职业教育的学生不能"死读书"，变成"流水线学生"，而是要成为能生存、会发展、为社会所需要的职业人。

经济新常态下，社会经济发展转型对高端技能人才培养工作提出了新的要求，而由专业技术技能知识、创新创造能力、吃苦耐劳精神、团结协作意识、健全品德品格以及强烈社会责任感组成的高职学生的可持续发展能力，已经成为高职学生适应社会需求、提升自我价值的必备能力。核心素质的培养不是把学生打造成技术高超的"机器人"，而是帮助高职毕业生成为一个不断适应社会发展需求的人。

为更好地培养学生职业核心素质，高职院校需将职业素质考核融入培养内容。考核内容主要分为以下四个板块：

(1) 专业能力，指高职学生对其所学专业课程的熟练应用能力。

(2) 道德品质，指高职学生的品德修养及行为认知能力。

(3) 心理素质，指高职学生在艰苦条件下的心理承受能力及在各类环境体系中的乐观心态。

(4) 创新创造能力，主要指高职学生的创新思维。职业素质考核必须依照校企联考、内外素质相结合的考核准则，穿插于课业教学、顶岗实习等多个学习阶段，将综合职业素质进行量化，实行实时监督、实时考核的动态考核评价体系。

多维度学生成长档案的建设目标是以素质教育为依托，实行全方位育人，构建"一个理念，两类引导，三者共建，四位一体，五方联动"的管理模式，即坚持"助力学生成长、成才"的教育理念，通过层次性和阶段性引导，依托学生、教师、家长三方力量，推进以德育素质为核心、智育素质为关键、身心素质为基础、能力素质为导向的四位一体模式，实现学生、教师、家长、学校、用人单位五方联动目标，从而形成长效、及时、动态的关注体系，走出一条全面拓展与提升应用型创新人才综合素质的新路。

高职院校培养学生职业核心能力时应将主要载体定位于职业核心素质课程体系中，并将专业课知识贯穿于职业核心素质体系中。为构建良好的课程体系，高职院校需以相关专业教师为主打造科研小组，撰写不同阶段、不同能力的课业教程，以便提升职业核心能力培养的延展性与多元性。同时，相关专业教师需主动加强对学生职业核心素质的认知，并在培养过程中有意识、有目的地加强学生职业核心素质能力，构建相辅相成的培养体系。

学生要掌握过硬的职业核心技能，实践是关键环节。通过"走出去、请进来"的措施敞开课堂之门，积极引进企业进校园，校企共建实训基地；将生产性项目引入实践教学体系，使教学直接融入生产环境之中，为学生专业技能和职业核心能力的培养创造有利的外部环境。此类教学体系紧密靠近现代岗位能力模式，实现了教育教学与行业内容全过程的统一发展。

将《职业素质教育》教材的开发目标定位为：体现立德树人的根本任务，以相关专业培训为载体，提升高职学生的职业品德、职业思维、专业能力；以现代社会经济发展目标、产业转型升级需求为参照，助力高职学生合理认知现代化行业、岗位；采取有效的方法，向学生传达环保意识、安全规范、绿色道德等新时期职场中的基本职业准则。

1.4.3 第三阶段

2019 年全今是第三阶段，在这个阶段中，高职院校学生职业核心素质培养已成为最重要的研究方向，着重强调新时代背景下高职院校学生的职业核心素质培育思路，着力打造高职院校学生职业核心素质的培育体系，健全培育过程，形成实践路径。

高职院校需组合区域内的职业教育资源，与政府、行业企业、相关高等教育机构共同协作，建设优秀的职业教育培训基地，为高职院校学生创新创业、社会实践提供可靠的平台；同时，采用科研项目的推进模式，整合管理高职院校学生职业核心素质培养的课业设计及实践活动实施途径，构建多样化高等职业院校各专业学生核心素质培养常态机制。

推进以校企合作为重点的现代职业学校制度改革，建立健全职业教育产学研合作机制。校企双方在深入沟通的前提下，构建人才培养模式、制订人才培养方案，使得人才培养和社会需求"无缝"对接。高职院校充分利用行业协会掌握的众多企业资源，调派高校教育工作者进驻企业一线进行学习，强化教师的实践能力，以便提升高职院校课程教育教学的专业性、方向性，有针对地培养学生职业核心素质；时刻保持与各类企业的友好交流，积极安排相关专业学生进行顶岗实习，让高职学生在实际工作中大力发展自身职业核心素质能力。

高职院校在教育教学中需要主动发挥思想政治教育的引领作用，坚持以"课程思政"为出发点，大力加强高职学生职业核心素质培养同高职院校教育教学任务的有机统一和共同发展。"课程思政"在现有的高职院校教育教学环境体系中创造了思想政治与各类专业、通识课程的价值性和知识性统一，架构出各门课程中的思政元素与其教育教学目标逐步协同的新型育人体系，这有助于高职学生在提升专业技术技能、提高个人修养涵养、适应社会实际情况时实现知识传授与价值引导的有机统一。

在"互联网+"时代背景下，高职院校在教育教学过程中要实现学生的长远发展，就需要明确信息时代对人才的要求，构建清晰的高职学生职业核心素质培育模式，制订合理、符合实际情况的高职学生人才培养目标；同时，依照高职学生的多样性特点，依托现行互联网红利，积极挖掘"互联网+"大背景下教育教学的新形势，主动将刻苦学习、合作共赢、敢于担当、爱岗敬业等优良品质融入高职学生适应社会的相关课程中去，为社会输送大量的高素质复合型人才。

无边界职业生涯时代的来临具有深远的意义。在无边界职业生涯时代下，企业势必要改变传统的长期雇佣形式，代之以更具弹性的雇佣形式。这为高职院校学生带来了全新的就业前景和机会。同时，要求高职院校时刻关注无边界职业生涯时代对其发展带来的影响，加大高职院校教育教学环节中对无边界职业生涯时代的学习，助力高职学生把握超越单个就业环境边界的一系列就业机会。

在现代产业结构升级转型与供给侧结构性改革的大背景下，当前企业对高职院校学生的培养模式以及高职学生综合素质能力的要求愈发严格。高职院校教师应重点把握学生职业核心素质的内在要求，坚持以就业为导向，结合客观规律，构建以"职业素质护照"为基础框架的高职学生职业核心素质培育模型，积极增强高职学生的职业核心素质能力、本体竞争力、社会适应力、职业延展性等。

高职院校需以产教融合深入发展为主要突破点，打破职业核心素质培养的壁垒。高职教育工作者需从普遍性素质教育理念中延展出更有利于学生职业核心素质发展的系统结构，从而使校企联合培养完全融入教育教学体系中，促使校企共进。

随着人工智能发展日趋成熟，以 AI(智能化)、VR(虚拟现实)等为代表的新一代信息技术逐渐融入各类行业的专业情景。在新时代背景下，劳动者必将向智能、多样、创新等多个方向融合发展，这就意味着产业之间的壁垒即将打破，跨界重组不再局限于理论层面。因此，人工智能时代下高职教育的重点应着重考虑如何实现高质量的人机互动化教学，让专业技能与实际应用场景充分结合，打破原有教育模式，实现沉浸式教学。

将核心素质融入教学管理机制，可以尝试从以下几个方面进行：

(1) 建立健全学分制度，将专业课程的部分选择权交还给学生本体，让其按照自身意愿及前景规划自主决定课程组成结构；

(2) 建立校园文化艺术中心，举办大学生艺术活动周，定期推荐紧跟社会发展的优秀影音资料；

(3) 重视学生心理健康教育，保障学生的心理健康；

(4) 加强学生劳动教育在教育教学中的比重，提高学生的"双商"(智商、情商)发展。

高职院校辅导员应发挥教育主体作用。辅导员具有"教育"与"管理"学生的双重优势，更应该参与协同育人机制，与专业教师一起推进"全员育人"，进而优化教育环境。高职院校辅导员在培育学生职业核心素质中，应着重关注学生的全方位素质培养情况，引领学生主动参与到职业核心素质的培育过程中，积极打破过去"学""练"分离的教学方法，落实教育教学的参与主体，明确教育教学的目的，将职业核心素质的教育内容真正融入到日常教学工作中，切实做到以学生为中心来实施各类素质教育模式。

高职院校在架构新时代职业核心素质评价体系时，应注重突出自身院校的优势专业，切实紧跟行业发展情况。架构可量化的评级体系能有效帮助高职院校提升教育教学质量，开拓新型教学方式，全方位提升学生的职业核心素质。学校应拓宽学生职业核心素质能力的培养途径，鼓励学生进入行业一线进行顶岗实习，进而增加学生自主解决问题的能力，培养学生良好的专业素质。同时，在教育教学中，还应结合因材施教的方法，全面培育学生职业核心素质能力。

在新时代教育背景下，为完善职业核心素质培养体系的架构，高职院校必须注重各项标准的协调发展，实现技术能力和素质发展的双向统一。随着时代的发展，学生职业核心素质体系逐渐在专业技能技术知识及思想品德两个维度上呈现出了多元化发展态势，这意味着现代职业核心素质体系已经开始呈现出全方位发展的前景。

近年来，"1＋X"证书制度的不断深入客观上促进了高职学生职业素质能力和技术技能水平的相互融合，"1＋X"证书制度也是当前解决社会"稳就业"问题的重要举措。"一径三系"培养模式的构建实现了五化耦合，"一径三系"职业核心素质培养模式为职业院校素质教育"教什么""怎么教"提供了整体解决方案，形成了职业核心素质的教育范式，解决了"1＋X"证书制度中关于复合型技术技能人才职业素质如何培养的问题，有效地突破了高职教育办学体制机制改革的瓶颈。

综上所述，提高学生职业核心素质是高职教育的关键环节，是帮助高职院校学生成长成才的关键。想要提高高职院校学生的职业核心素质，就必须将职业教育与素质教育有机统一，注重职业核心素质在当代高职院校教育教学的重要地位，帮助高职学生更好地处理专业水平与就业素质之间的辩证关系。

第二章 国内外职校学生培养分析

2.1 国外高职院校学生培养现状及实践经验

2.1.1 德国的职业教育

1. "双元制"人才培养模式

德国政府为保障职业教育的有序推进，牵头制定相关法律法规，并在国内实行双元主体制职业教育，根据实际情况协调相关企业和学校共同教授学生专业的技术技能知识。本小节通过分析其教育教学的运行方式及特点，比较中德两国职业教育模式的优缺点，给出我国目前可以借鉴的有益经验，以便我国在迁移双元制教育教学模式时，能合理运用各类优秀职教集团(联盟)的优势，构建国内的跨区域、跨学校、跨企业的特色培育中心，科学地实行三教改革。

1) 教育模式的合作性与职业性

"双元制"是一种合作办学模式，其中包含着学校和企业两个办学主体，被培训对象拥有学生和学徒两个身份。在"双元制"教育的实施中，德国政府发挥了重要作用，即制定了相关的法律法规，以此来规范和保障"双元制"模式中高职院校与企业合作的可持续发展。除此之外，各行业协会等社会组织也都积极地参与到"双元制"中来。德国"双元制"实施后带来的良好经济及社会效益，充分体现了社会各界通力合作带来的成效。"双元制"注重的是学生的职业培养，学校和企业在教学中注重理论与实践的结合，让学生提早接触到社会的工作，适应社会的变化与工作岗位，锻炼学生的就业能力，从而培养出适应社会的 21 世纪高技能人才，这充分体现出了教育的职业性。

2) 教学体系的科学性和严谨性

在德国的"双元制"中，科学严谨的教学体系是学校的基点，并由此与企业开展系列教学工作。职业分析是"双元制"中专业课程内容设计的主要导向，它整合了职业确定、个人发展分析、职业能力分析、企业用工分析、职业成功因素分析等多个环节。通过这样的职业岗位探索，德国"培训职业"的概念被引入，社会中相似的职业被分类成一个职业群，将一个"专业"对应一个职业群，这样既能够归结出各个专业的特点和需求，还能够及时了解到专业对应的职业在社会中的实际变化，从而根据社会发展方向设置更加实用的课程。在教学课程内容上，学校和企业将德国政府相关法律规定作为指导方针，并根据自身特点，学生学习情况、进度等，科学严谨地设计教学体系来因材施教。

3) 师资专业优良性与路径的合理规范性

"双元制"模式的职业教育主要是由两类教师来实施，一类是企业的培训教师，一般来自企业；另一类是学校的专业教师，主要由进行理论知识传授的教师和负责实践练习的教师组成。各类教师都具有丰富的专业知识、先进的教育理念，掌握着科学的教学方法和突出的组织、评价和管理能力，对自己教授的专业的最新动态具有高度敏锐的洞察力，具有高尚的师德，恪守自己作为教师的职责，具有优秀的专业素质和教育素质，可谓是德才兼备。此外，通过完备的法律法规来严格控制教师的选拔、考核和任职之后的再教育，以保证教师队伍的高素质和专业化。德国的"双元制"职业教育中，因为企业的参与度很高，因此在招生、教学体系设计方面都享有很大的权利。学生每个星期都会有 3 至 4 天的时间在企业学习，在学习中锻炼。这种采用以学生为中心的教学方法，能够积极调动学生学习的积极性和主动性；在学生完成任务之后，由行业协会负责，并由第三方组织学员进行考试；只有学生成绩合格，方能拿到证书。有法律明确规定的这种教考分离的方式，保证了考核内容和结果的公平公正，从而使得"双元制"证书的含金量得以保证。而且"双元制"有固定的资金来源，通常由国家、州政府以及企业三方共同承担，这也是"双元制"职业教育顺利开展的保障。

4) 聚合资源打造跨企业培训中心

高职教育得到了德国政府的大力支持。在德国的高职教育中,地方优势显著是其典型特色。德国政府、各州教育部门,以及各参与企业联合进行区域职业布局,建立培训中心,并共同制订教学整体计划以及专业培训手册。职业院校教师资格、企业培训教师资格都实行统考,学生的结业考试也采取的是统考方式。

依托职教联盟的优势,德国实行"政行校企"的统一行动。联盟制定相关专业条例,引入优良课程资源,把高职教育专业及课程规范与地方经济建设对人才的需求结合起来,在各个相关领域以需求为导向来进行人才培养和供给。

德国设立地方资格证书考试中心和高职教育考试委员会(由高职院校主干教师、专业协会专家和社会名企代表构成)。为更好地表现出"双元制"模式的优势,他们调动联盟中的企业,科学统筹人才培养,融入高职教育行业的最前沿技术,充分发挥联盟优势,从多方面进行制度变革。

通过考察各个学校的校内、校外实训基地,因地制宜地建设了多功能体的共享型生产、教学共融实训中心,并配合"1 + X"证书考点,实现跨企业人才培育(其中也包含企业教师、学校老师的专业考评和培训、学生技能结业统一考试)。其中学生的结业考评也充分体现了"双元制"的特点。该考评分两个阶段进行:一是完成学校本身的专业理论知识考核;二是在培训中心完成企业的相关技能测试。如果能够成功通过,那么学生将会获得结业证书和各类职业技能证书(如"1 + X"证书)。

综上所述,德国的"双元制"有以下优势:

(1) **学生方面**:学生在入校培训前先在企业进行学习,即在实际工作环境中学习(这期间的生活补贴都由企业承担),这样能够加强学生第一手专业技能和业务知识的储备,并对企业有进一步的了解,先就业后培训,学生将获得更多的就业机会和更专业的技术能力。

(2) **企业方面**:企业能够高效地招募到专业技能人才,进而有效提高产品的质量,同时也节约人力招聘成本。

(3) **社会层面**："双元制"教育模式带来了积极的社会经济影响。为了满足本国劳动力市场对合格技术工人的旺盛需求，企业开始参与教学。这种现象有利于劳动力市场供给与需求的适配，对社会经济的发展十分有利。

2. "职业教育4.0"数字化建设

以"工业4.0"为代表的第四次工业革命和数字化转型，引发了经济社会领域的数字化创新，加速了工作结构的转型和职业培训的变迁，给职业教育的整体目标、教育理念、学习环境和培养方案都带来了新的挑战。为积极应对这一挑战，德国在2016年10月发布的一项报告中提出了"职业教育4.0"的概念。其核心内容是职业教育中的数字化建设与发展，具体包括：开发新的数字化解决方案，提升职教培训中学徒的数字化技能水平，支持企业参与数字化学习网络的构建。

德国采取了一系列有效措施来推动"职业教育4.0"数字化进程，主要聚焦于以下几个方面：

1) 依托数字媒体技术，构建良好学习情境

将数字媒体技术有效运用到高职学校的教学、科研中来提升工作效率。这样的数字化建设计划能够推进德国职业教育的数字化系列应用，在另一个方面也提高了老师的专业技能，使其具备对传统教学科研的数字化改造能力。近年来，德国政府对数字媒体理念的发展规划了四个方面：① 实践翻转学习，基于开放式教育资源的教学方法；② 虚拟现实中的共同学习，学生交互式的学习方法；③ 运用生产岗位的能力发展(KeaP)数字系统，工作过程中的数字教学与学习平台；④ 创设PRiME应用系统，用于学生反思的移动学习工具。

2) 顶层规划与制度设计

职业技能建设和人才培养是高职教育数字化建设的宗旨，其目的是提高高职教育人才培育效率，而且国家顶层设计和制度规划也支撑着高职教育数字化建设。2019年，德国修订部分法律法规，通过立法明确了国家要全方位投入资源到职业教育数字化建设中，这样就扫清了数字化教育的法律障碍。首先，完善基础设施。大力发展高职、中职的数字化，夯实学校

师生教育教学数字化设备和基础设施(例如人工智能机器人、AR 和 VR 设备等)。其次,探索改革项目。在完善硬件设施的基础上,数字化完全进入职业教育人才培养的全过程才是关键。同时,同步开始进行数字化等创新课题项目,形成标杆效应。最后,保障技术创新。建设并完善数字化研究与创新中心,聚焦技术革新,培育一篮子的数字化职业教育手段。

3) 数字化多主体协作参与

如今德国大力开展"职业教育的数字媒体"项目,其中最突出的是将数字媒体融入职业教育,这一举措推动了德国的职业发展。将数字技术融入课程与教学设施中,开发出了各种数字化教材、学习内容、在线网课等,创建了相对灵活的学习场所和资源共享池,能够更加可视化地分析学生学习数据,共享丰富高效率的学习资源,培养学生数字化技能技术和跨专业学习能力,最终培养出德智体美劳全面发展的人才。

根据德国数字媒体建设融入职业教育的方式,我们从中总结出两个方面:一是实践方面,将数字媒体技术深度融入课程设计、教学计划和学生综合绩效考核中,形成了全面立体化的学习情境,让教学环境更加生动形象,有代入感。二是建立网上学习平台,形成了高效的数字化资源共享平台。在这里学生能够依据自己的进度进行学习,也可以互动,与他人研讨交流。这样既增加了学生的互动性、积极性,又培养了学生的自主探索精神,并且节约了师资力量,让学生不再局限于线下课程。

4) 可视化数据,精准提高学生学习质量

在德国的数字化建设中,现代信息技术和能力评价被引入到高职教育建设中。通过追踪记录学生的行为并产生实时客观的数据,可视化地显示出学生在学校的行为数据,并预测出每位学生的成绩区间,客观地确定绩效,推动了以动手能力为主的考试制度改革。通过德国对学生专业技能的考评,我们也从中总结出了两点经验:第一,数字化建设中涉及的新技术代表着各种制度、流程的变化。许多记录学生学习行为效果的新技术(如人工智能、大数据等技术)也值得我们对其深入探索。第二。数字化建设的显著特点是将可视化的信息数据呈现出来,这样可以避免主观上的误差,并且海量的数据分析对结果的准确性也更加有保证。这也体现了从经验化到可视化数据的转变，有助于精准提高学生在校的学习质量。

2.1.2 美国的职业教育

1. 完善的人才培养体系

1) "社区学院"模式

美国的"社区学院"是高职教育的主要培养模式，它主要针对的就是社区，出发点是为社区群体服务，特点是交通便捷、学费低廉。美国的每个社区学院都与其他机构和特定企业签订了相关的合约，其他机构提供培训和服务，为企业的需求开设专业课程、培训内容等，这样的"合约"服务是"社区学院"模式的特色。政府也对这样的教育模式大力推广，鼓励多元化发展。并且，"社区学院"模式十分注重公平学习，满足社区不同群体对学习时间、内容等方面的不同要求。

2) STC 人才培养理念

STC(School to Career)理念是目前高职教育中最具有特色的理念，美国的"社区学院"也一直秉持着 STC 理念，而且培养了许多优秀的专业技能型人才。其理念的核心内涵包括终身职业教育、全民职业教育、关注学生个性化发展等内容。终身职业教育，即所谓的活到老，学到老。这样的理念倡导人在一生中要不断地接受新的知识与教育。以社区居民为中心服务，学费价格低廉，可以减轻学费压力，且无任何入学考试，极大地包容和接纳了学生。以学生为中心是"社区学院"的办学理念，学院要求每一位新生都有一位指导教师，并建立长期联系，教师为他们的学习、生活、心理或者职业发展等提供建议和帮助。

3) CBE 教学模式

CBE(Competency Based Education)是以能力为培养中心的教学体系。CBE 教学模式在美国的职业教育中得到了广泛和成功的运用，产生了良好的效果。此模式把学生置于整体教育教学体系的中心，学校的教学内容由企业专家、专业领域专家来制定，并且根据当前一线的工作内容对教学内容进行不断更新，保证学校的教学质量和课程的先进性、实用性。除专业课程外，还有带薪实习教育等实践课程，安排学生到合作的企业参加工作，在工作中锻炼动手能力并获得工作经验。

4) 完善的职业教育教师培养制度

"社区学院"中大多数教师的学历都在硕士以上，并且具有博士学位的教师也高达 20%，且日益增多。"社区学院"聘请了专职教师和兼职教师。其中一大批兼职教师是来自生产一线的专业技术工人、企业的管理人员等，他们具有丰富的专业知识和较强专业能力，能够很好地讲授学校中的专业实践课程，这样的教师结构极大地节约了师资成本，丰富了学校的课程。并且，"社区学院"也重视对教师综合素质的提升，会定期安排培训、讨论会等活动，来提高教师的专业素质和技能。

5) 完善的职业能力培训和职业资格体系

美国在长期的实践中发展出了较为完善的职业培训制度，主要是建立"一站式服务中心"，完善职业培训市场现代化建设，开展个性化服务，建立以企业为主体的培训资金供给体系，推行有效的绩效考核和激励机制等。美国职业技能标准引领了人力资源开发、产业行业技术更新，为职业资格认证、鉴定与评价提供了统一的"蓝本"。美国职业技能标准的研发、制订、修订、执行、评价、优化等过程形成了完整的体系。这对我国的启示在于：形成全社会重视职业培训的氛围，加强职业培训与经济发展之间的联系，构建市场导向的职业培训体系，强化个性化培训服务，提高职业培训的社会效益与经济效益。

2. 创新型人才培养模式

国外多所学校已对创新型人才培养模式展开探索与实践，并取得了显著成效。以美国德锐大学加州硅谷弗里蒙特校区为例，该校区改变了老师授课、学生听课的传统教学观念，通过让学生相互合作和参与实践活动来开拓学生的创新思维，培养创新能力，从而可持续地促进学生的发展。

1) 深化办学理念，创建良好的教学环境

美国与中国的教学模式不同之处在于，它采取的是小班教学，一个班只有 20 人左右，而在中国基本都是 40 个人的中班教学，只有特殊培养的班级人数才会比较少。德瑞大学采取以学生相互沟通合作为主、教师授业为辅的教学模式，结合电子平台，致力打造学生自身生存和发展的能力以及自律的习惯，使学生能够适应世界各国的发展模式。该学校也有线上课程，课程多以技术型为主，并不断更新平台，使之能够满足学生不同的学习要求。该校的图书馆也与中国大多数大学的图书馆不同，不但提供大量的纸质书籍，还提供海量的线上图书，便于学生参考。同时，配置相关的学习器材，让学生能够将认识和实践结合起来，有利于知识和技能的掌握。学生在学校很少能够得到与专业相关的工作经验，但该校会制订投资计划来建设与专业技术相关的模拟场景，为学生打造出一系列先进的技术设备，向学生提供实践的机会，使学生能提前适应将来的工作，并能够加强沟通合作能力，从而为今后事业的发展打下良好的基础。

2）由课程决定的灵活的学习调度

弗里蒙特教学区的教学目标是"帮助您进入您必要的职业发展领域"。因此，学校明确提出要帮助学生"在职业发展中找到一个强大的、不断上升的、自己热爱的职业发展领域"。学校数据在线学习平台等在线学习资源也向学生随时随地开放，使学生在课内或课外可以灵活使用学校的课程内容和教学资源。学校在学科培训中广泛开展新项目课堂教学，在教学过程中，教学观念从"教师教什么"转变为"学生学什么"。教师从知识的传授者转变为知识的提供者和辅助者，学生从被动接受知识转变为主动积极地进行自主学习。此外，让学生从现实世界走进课堂也是一项重要任务，学校的责任是对大学生在职场中遇到的真实挑战进行指引。财政顾问、学术顾问、学校教授、就业帮扶专家等学校教职人员将尽最大努力参与学生的学习，通过学校和学生组队，形成了一个完整的教学辅导体系。根据网上学习、线下学习或两者的结合，学生可以有选择地学习自己需要的课程内容。德瑞大学的"学术日历"有助于学生加速完成学位课程。

3）良好的师资力量与评价体系

为了更好地打造创新型人才培养模式，德瑞大学积极设置了教师的配比及评价体系，而其紧邻硅谷的独特地理位置，让德瑞大学能拥有与世界最新型产业相交流的机会。因此，德瑞大学能招募到各类行业的顶尖人才来校任教，其中不乏在教育行业名声显赫和实践经验丰富的教师，这极大地提升了该校的教育教学质量。优异的师资配比全面激发出了各类优秀教师在小班教学模式中的课堂组织和领导作用，再佐以高效的团队协作，引导学生发挥主观能动性，积极探索专业知识，确保了学生的主体性地位。德瑞大学为了给在校学生提供更好的教育教学质量，配合学术成果和线上资源，积极开发线上教学平台，提高学生的学习效率；同时，依照"我的课程评价"(MCE)和"诺埃尔-列维茨学生满意度量表"(SSI)引导学生参与到教案编写中，以学生的视角反馈教学服务质量，提升该校的教学服务质量。在学生可评价的模块中添加了评价计划(WRAP)，这可以使校方与企业一起依照同一体系标准，检验以分析处理能力、批判思维能力为代表的学生综合能力的培养情况，并进行实时追溯，督促学生积极改进自身缺点，逐步成长。

4) 多元化课程模式，优质的教学资源

美国职业教育在课程的开发上极具特色，将许多的流程工艺、公司技术、产品与服务、工商管理、创新意识等多方面的元素融入教学中，因此创建出了更加多样、先进的教学课程。美国的教学课程重点突出职业能力和素质能力两方面的培养，所以在课程的设置形式上多种多样，分别有线上+线下课程、人文+专业实训课、技术与管理客户才能等课程模式，这些多元化的课程通过选修或者必修课来获得学分。这样，教学平台上优质的教学资源不仅得以保证，还非常注重微课的设计开发，微课资源则解决了大部分学生注意力无法长时间集中的问题。通过微课，长时间集中学习模式变更为了短时间高度认真的碎片化学习模式，使数字化技术在教育教学中的作用得到了有效的发挥。

5) 实践教学相结合的理念，推动职业发展

如今，美国许多大学对师资的要求非常高。以德瑞大学为例，其招聘的教师很多来自硅谷。我国近几年也在汲取各国经验，现在的高校教师师资水平已经比前两年提高很多，但缺少的是有实践经验的高技术水平的"师

傅"。高职学生在学校学习专业的过程中，没有来自企业的行家进行教学，更多的是教师根据课本知识进行传授，所以高职学生缺少动手的实践能力。因此，我国在教学中可以践行"教师，学生，师傅"相结合的理念，变"学生听，教师教"的传统理念为"教师教专业知识理论，师傅传授工作实践经验，学生在强大的知识储备下成为才学兼备的人才"，让三者得到更大的发展空间，实现三方的共赢。这样学生不仅可以学到很多专业理论知识，也可以提前学到未来工作中所需的实践操作技能；教师既能够传授知识，也能够更多地了解外面企业的现状、对专业的需求；师傅也不再只是企业的员工，而是专业实践的教育者。学校可以在学校创建学生教学实践区、创业园、教师创业示范区，充分发挥"教师，学生，师傅"结合体带来的优势，让理论与现实结合起来，带动职业教育的发展。

美国注重"实践"的创新型人才培养模式一直呈现着多元化的发展，多方面综合形式的全面评价体系、强大的师资力量，这些都在不断地推动着美国的职业发展。而且，美国教材编写得也比较好，含金量非常高，非常适合建立全面的知识体系和培养学习、思维和创新的能力。我国也可以借鉴美国"教师，学生，师傅"结合体的教学理念，创建以就业为需求的实训基地，充分发挥学校、企业各自的优势，紧跟时代发展潮流，准确把握企业用人需求，为毕业生提供真实的就业工作环境，强化毕业生的职业道德和职业能力。毕业生可以充分利用就业实习基地这个平台，不断提高自己的实践动手能力、就业竞争能力。学校根据学生评价系统提出的意见进行改进，推进毕业生的就业指导机制改革，拓展学生职业发展空间，并大力建设实践专业、改革教学理念，为社会培养更多的高质量人才。

2.1.3 英国的职业教育

英国的高等教育水平名列世界前茅，其中的牛津、剑桥都是著名的国际性大学，而且英国的职业教育起步较早。英国的政府、社会对职业教育的高度重视和科学管理成就了英国高职教育的迅猛发展，也充分展现了制度的全球视野、灵活特色，在各方面都给其他发达国家和发展中国家提供了许多可借鉴的经验。

1. 重视科学管理，拓深校企合作

1) 完善的学籍与资格体系管理

在英国，学生进入学校就会建立个人的学习记录档案，学习过程、学习内容记录详细，任何一名教师都会掌握现阶段学生的知识、技能情况。其中，个人档案中的评估方法主要采用任务法，用贴合专业实际的考察任务来全方位地评估学生的专业技能知识，并且不采取一次性定论的老式评估方法，而是采取多次连续性评估，每一次的评估结果都会进行反馈分析，以提高学习的效率。因此，学生的个人档案在求职中极具参考价值。

目前在英国已经建成了比较完善的职业资格体系，并分为 5 个职业资格等级(Lv1～Lv5)，其中 Lv1 代表熟练工人，Lv2 代表技术工人，Lv3 代表技术员或监督员，Lv4 代表高级技术员或初级管理人员，Lv5 代表专业人员或中级管理人员。该体系是由英国的国家职业资格理事会进行管理与监督的。

2) 科学的教育投入体制管理

英国政府部门高度重视职业教育投入，并拨款设立了职业教育基金会。目前，英国的高等教育体系中有 75% 的经费来自于职业教育基金会，还有 25% 来自社会企业团体赞助等。基金会根据四年一次的高校教学质量评估、历年来学校在校人数、专业开设课程、科研比赛成果、学生表现等多方面的综合情况对学校进行打分评估，根据打分评估的结果来确定拨款的数额。这种全方位的评估方法不仅保证了各个学校的基本经费，也在无形中激励着各个学校全方面发展，督促高质量教学。

英国高职院校的办学模式得到了社会与企业的鼎力支持，高职院校学生的专业课一般都设置在比较真实的场景中，例如实验室或者工厂中；科研比重高，现代化设备多的实验室一般由学校组建；专业性较强的、对设备齐全性要求高的，一般由合作企业提供。所需经费可以由校企联合提供，也可以由企业向职业基金会申请拨款。除此之外，英国政府还对一些特定的社会培训进行拨款，并给未就业的参加培训的学生免去全部费用。

3) 实践性学习理念——现代学徒制

为了强化就业导向，增加在校课程与就业导向的关联性，英国政府大力推动现代学徒制,倡导实践性学习理念,其高职教育的最终导向就是"就业"。

现代学徒制的显著特点一是学生能够很快地明确学习的目标,就业时能够对工作更加了解,企业和学生都更具有选择性,高效率地培养了自己的技能走向,前景更加明朗;二是学生能够更早地接触到工作所需的完整设备、现实环境,并且学生的实训内容是由企业参与设置的,"量身定制"的实训内容更能凸显企业的需求,也培养了学徒工在实际工作中的动手能力;三是实现了学生经济的相对独立,因为学徒在企业培训时不用缴纳学费,反而企业会给学徒发放工资(正式工的50%)。此外,英国的职业教育非常重视与政府企业的合作,这也大大增强了高职院校学生的接触面,并且提高了高职教育的教育质量。

4) 提高专业建设,实现校企深度合作

实现学校和企业双赢的目标在于学校的专业建设。因为校企合作最核心的要素就是技术型人才的培养输送,对于供应方和接受方是否能够进行合作,在于学校是否能够给企业输送高技能的人才。为了实现校企的深度合作,高职院校应该在各种合作机制上,用专业建设作为双方的枢纽,加强自身学校的专业建设,开设有特色并契合企业工作的专业课程,为企业高效地培养适合的高技能人才。

英国的办学理念的不同处在于,学历只是一个文凭,固然重要,但是更加看重的是实际的专业技能能力,偏向动手能力的培养。在就业时首先看中的是专业技能,并且在工作中所获得的薪资也是根据工作能力和工作量来计算的,而不是文凭。因为有了这种先进的理念,英国的职业教育才呈现出多元化的发展。

2. 完善的资格证书制度和专业能力评估体系

英国国内为了确保其职业资格培训的高质量发展,且不同层次、不同类别的教育教学成果与职业能力之间能够形成对比,英国便组建了"英国资格与课程委员会",简称"英资委"。"英资委"的主要作用是确保英国国内的职业能力标准与英国政府制定的职业资格要求一致,同时"英资委"积极与欧盟国家的职业资格标准作全方位的对比,形成了英国独有的

6 级制国家职业能力标准，并将其分为五大维度，分别是：知识理解能力、技能应用能力、通用认知能力、沟通处理能力、团队协作能力，以此为基础构建了标准的职业资格认证体系。

1) 职业能力的评定依据与方式

英国的职业能力评定方式分为四大类：一是职业人的书面报告，包括科研报告、技能运用、监管审查、项目架构、工作计划、项目延展、疑难处理、业绩报告、工作总结等以书面形式递交的非口头性报告。二是职业人的产品创造能力。此类能力要求职业人具备独立制造具体产品能力的同时，也能在相同的环境下制造出能反复再生产的产品，并保障其各项参数与原产品一致。三是职业人的能力证书。英国职业人在评定其职业能力时，仅需向评委专家递交相关职业能力认定水平证书，即可进行职业能力评定，无须再进行同类别的理论测试及技能操作等形式的考查。这体现了英国职业能力证书在英国各行业中极高的权威性。四是职业人的相关证明。它包括各类企业推荐信、大数据分析结果、客户提供的证明材料、技能大赛获奖情况、工作经验证明等，能体现其技术技能专业性的文字性依据。

英国职业人的职业资格评定方式主要分为三个步骤：

第一，被考评的职业人结合相关职业的技术技能标准作出准确的自我评价；

第二，由该行业相关领域的专家、技能大师、高校教育工作者、一线工作人员等对其所具备的专业知识、技术技能、理解交流和调研能力、项目规划和合作能力，以及其业绩考核等进行综合考评后给出系统性的评定意见；

第三，该职业人所在机构以外的部门评价，例如，若该职业人所在机构并未取得颁发职业资格证书的授权，则要求该机构将其对职业人学习能力效果的书面评议交由其余有资格颁发职业资格证书的外部机构进行评定。

这种具有系统性、多元性的评定方式，保障了英国的职业资格证书具有高权威、高可靠的特点，帮助职业人在各行业工作中有机会发挥其专业技术技能。

2) **完善的法律保障机制**

习近平总书记的法治思想是引领新时代法治建设的思想旗帜，并认为社会系统性制度的良好实施离不开法治建设中的强制性效应。而这在国际各界也是通用的可行性办法。英国发布了《证书机构共同协议》《英国国家职业资格规范与指导》，并以此建立了成熟的职业评定体系；韩国颁布了《国家技术资格法》；美国完善了各行业的职业评定法规，清晰定义了美国国内相关专业法规、职业评定条件，明确了政府主管、雇主、代雇单位责任连同制；荷兰则要求职业人在进入市场时须拥有该行业的最低资格认定。

以我国为例，要想将法治思想融入到职业资格评定系统中，就必须优先明确相关法制部门的责任主体制。时刻确保职业人在上岗前接受专业的就业培训，并颁发相关从业资格证，切实推进以从业资格证为主体的行业准入制；各级省委人社系统应及时整合辖区内行业相关单位，以合力来全面推进就业准入制的服务建设；相关教育部门应联合各级教育机构，将职业教育与技术技能培训充分融合，为行业准入制提供精准服务。其次，要构建系统化的职业资格证书体系。

第一，用人单位在招聘时必须严格遵循"持证上岗"准则，严查求职者职业资格证书是否与该企业就业范围相匹配，并将其纳入员工薪酬发放要求中；

第二，针对现有的职业介绍单位而言，要优先查验被介绍人是否持有国家规定的行业就业资格证书，是否符合就业准入岗位要求；

第三，坚决杜绝职业培训工作中的弊端，重点关注相关职业培训机构的培训内容、教学质量、办学体系、培训经费等方面是否合法合规；

第四，建立健全职业资格技能证书的颁发细则，对相关职业技能证书审查机构进行全面监督，切实保障证书评定的公正公平。

最后，切实保障职业资格证书的全面推进，加大资金投入、鉴定要求与行业准入规范等。

3) **完善的资格证书制度**

各类职业证书被行业高度认可的原因就是其保障从业者社会地位及劳

动报酬有同等价值。在现代国际社会中，各个国家都在逐步完善职业资格框架，并逐步对标欧洲先进的职业资格框架体系。要想保证技术技能型人才的发展，就必须精准落实"教育必须与生产劳动和社会实践相结合"这一观念，逐步完善学历证明与职业资格证书相互印证体系，高度实现理论教学与劳动教学的充分结合，才能真正意义上实现学历证书与劳动证书的相互印证关系。

为了解决技术工人的职业技能等级评定和管理难题，政府需要构建统一的劳动证书制度。第一，划定国家标准的职业分类。这就要求国家职业分类大典中囊括各部门分散管理的各类职业，以此打造劳动证书制度的坚实基础。第二，建立健全职业标准体系。要想建立健全职业标准体系，需解决的首要问题是保障各职业标准时刻更新。因此就需要我国政府整合国家行业部委、国家级行业协会、全国龙头企业等部门，群策群力制定各行业的职业技术技能标准，颁发劳动证书，最后交由人社部统一审核、审批，保障劳动证书的真正效能。只有严格控制职业资格证书的种类和等级评定，才能避免各类资格证书含金量的下降。

4) 注重能力，企业高度参与

为了保障从业者在进入社会时拥有高质量的综合素质和能力，用人单位通常会综合考量从业者的基础技术技能及道德品质。用人单位对从业者的考察通常带有主观性，而职业资格证书才是展现从业者实际的保障。反观目前全球职业资格证书愈发趋于完善的走向，我们发现诸如"基于成果""成果主导""向成果转换"的职业资格证书已出现在大众视野里。这表明了职业资格证书的认定从注重课业完成情况已经转向了课业知识向成果转换的情况。这就要求从业者在学习阶段不只是关注理论知识的学习，更要能将自己的实际劳动成果合理向大众展示，并形成完整的书面材料。这凸显了以成果评估为主的职业资格证书认定体系的重要性。

职业资格证书制度的制定、实施和鉴定，不仅要充分调动行业和企业高度参与的积极性，而且必须保障开发的能力标准、职业资格标准是根据他们的实际需求制定的。这就要求在推行职业资格证书制度时，要充分依托企业行业，使职业资格标准能够准确反映行业企业对员工工作能力的实际需求，使龙头行业企业成为职业资格教育和培训的重要指导者、有效组织者及最高权威者。

2.1.4 新加坡的职业教育

1. 分流制精英教育模式

1）新加坡的"分流制"教育

在目前我国"双减"的政策下，教育分流成为我国家长的"头等大事"，而早已完成制造业升级的发达国家新加坡，由于保留了一部分英式教育的特点，又结合自身精英教育的需求，发展出了一套与众不同的分流教育体系，并以分流制教育闻名全球。新加坡的"分流制"根据学生的具体学习情况，要求各学校从小学四年级开始就举行当届学生的第一次分流，分为EM1、EM2、EM3 三类语言班级。这三类语言班会根据班级学生的学习能力分别开设课程，并从实际出发推进教育教学的日常管理，用更人性化的教育教学方式提高各类学生的学习能力。当届学生在分流后的语言班学习两年后，新加坡教育局会举行决定人生轨迹的小升初考试。然后，经过二次分流的学生会根据自身实际情况，向就近学校申请就读特选课程班、快捷课程班、普通课程班来接受自己的中学教育。此时进入普通班的学生就需要选择进入普通学术班还是普通工艺班就读，在完成自己的专业课程后就可以参加新加坡教育局举办的全国"N-level"水平考试，符合初级学院或理工学院的成绩要求后，便可进行下一阶段的学习。初中第四年级分流考试成绩前 10%的学生进入初级学院，10%～20%的学生进入工艺教育学院或理工学院，剩下的 70%学生进入技能教育系统。

2）分流制教育的普遍特点

（1）学校体制多样化。为保证学校能更深入地了解每位同学，便于实行"因材施教"的教育教学模式，新加坡会安排拥有不同特长的学生进入不同类型的专业学校完成他们的学业。在教学过程中，将特选课程班、快捷课程班里考试不及格的同学转入普通课程班就读，普通课程班中成绩优异的同学便转入更好的班次就读，从而形成了分配合理、教学灵活的教学模式。

(2) 学生进修多样化。新加坡为保证学生在求学进修道路上的选择多样化,优先将精英教育与职业教育相结合,为各类学生提供了充分的求学进修机会。在工艺教育学院或理工学院就读的学生根据自己的实际情况,可以选择考入不同的学校深度钻研自己的专业技能,同时只要这类学生通过了全国"A-level"考试,便可自由选择远赴其他发达国家进修本科或研究生学历。而成绩优秀的学生,可以通过全国性考试进入高等大学继续深造,主要进修与国家经济发展密切相关、高薪且体面的专业课程。

3)"分流制"教育的社会效应

新加坡实行"分流制"的最终目的是保证各届毕业生在进入社会时拥有基础的就业技能,保障各行各业基础岗位的人才素质。因此新加坡各高校为了培养复合型优秀人才,从一开始就在教育教学任务中把学生入职高新岗位所需的技术技能及品德修养作为教学重点。新加坡的理工学院和高等大学积极与各地区企业开展校企联合,学校和企业的这种紧密合作为增强教师质量、完善教学内容、开展多元社会实践等方面提供了高质量的发展平台;依靠此种平台,学校可以为社会输出复合型技术技能人才及发展全面的优秀毕业生。同时,为了确保国家内基础岗位职工不缺失,普通课程班承担起了培育中等技术技能人才的重任。为保护普通课程班的正常发展,新加坡为就读于普通班的学生提供了"预备计划",以保障其毕业求职技能基础。

4)"分流制"的经济效应

新加坡很好地实施了持续教育和职业培训的理念,为保证在土地面积狭小且资源极度匮乏的背景下仍能保持稳定的社会劳动生产效率和经济增长速率,新加坡将教育理念贯穿于国民的终身生产生活中。其中,新加坡对国民的职业教育十分重视,把职业教育落到国民生产生活的实处,帮助国民持续增强自身的学习能力,盘活了新加坡社会的劳动氛围,使新加坡的国民创新创造能力拥有了本质上的提升,极大地带动了经济发展。因此,新加坡积极实行在国际上著名的"分流制"精英教育同职业教育相结合的教育体系，不仅为在校生的职业素质提供了发展空间，更助力新加坡产业的升级转型，也全面带动了国民的创新创造能力，提高了社会劳动生产率。新加坡的经济发展进程反映出现代社会对高素质职业人才的紧缺，高素质职业人才在各自的岗位上发挥着不可估量的作用。

伴随着新加坡社会对人才管理和绩效考核要求的升级换代，它与其他发达国家在高精尖技术上的紧密交流，促进了职业人才综合能力的不断提高，保证了新加坡经济结构的合理化。新加坡的劳动力绝大多数都经受过职业教育的培训，并有多数企业和地区会定期组织社会就业人员接受职业教育培训，这使得新加坡职业教育培训学校的学生人数保持着每年的稳定增长，提高了新加坡社会的就业率，合理地解决了劳动力缺乏的问题。这样一套稳定合理的职业教育体系帮助新加坡轻松解决了社会的产业转型升级，创造了多样化的产业结构。

2. "职业技能"为核心特色

1) 教育制度与培训模式

新加坡为保证每位学生在进入社会工作后，仍保持终身学习的能力和始终追求专业技术技能的心理，会让每位学生在接受教育阶段根据自身具体情况主动选择适合自己且充满兴趣的职位。因此，新加坡的"分流制"教育教学体系具体分为学前教育与学后教育两部分。其中，学前教育是学生通过多次专业分流后进入高校就读的教学模式，而学后教育是学生在脱离学校环境后，依旧为其提供全方位、多元化的培训服务。

2) 差异化的教学与人才培养模式

新加坡对于职业教育的定义是：职业教育是为了从根源上培养学生的学习能力，适应社会的能力。因此，在新加坡接受过职业教育的学生能更好、更快地适应从学历社会到能力社会的身份转变。新加坡和中国一样拥有一定数量的理工学院，其中，新加坡理工、淡马锡理工、义安理工、南洋理工等学院有各自不同的教育教学体系和人才培养模式，如其特色的"教学工厂"，发掘校企融合新路径；"CDIO"新型教学模式，启发学生学习思维；"少教多学"的人才培养途径，构建学生自我学习同合作共赢思维的有机统一等等。这些理工学院及人才培养体系为新加坡社会输送了大批高精尖的技术技能和高素质的人才，强有力地帮助了新加坡现代化社会的建设和发展。

3）就业与素质培养

新加坡社会注重学生的职业道德品质，他们把即将就业学生的职业道德品质定义为学生职业素质同精神素质的有机统一。新加坡各学校将每位学生的具体情况和现代社会发展前景高度结合，重点发挥学生的想象力和创造力，激发学生内在的智慧潜能，帮助学生成长为个性化、健全化、全面发展的职业人才。它不仅对职业技能提升和职业道德建设有利，还能让个人品格和团队精神得到升华。职业精神的核心是爱岗，他们认为通过教育能让学生了解工作和生活的关系，让学生理解工作是生活的永恒动力，要永葆对生活和工作的热情。

新加坡合理利用工学结合的方式推动学生正常就业的实施方法如下：① 学生参与校企合作项目；② 将学生深入企业学习作为毕业考核标准；③ 根据当代社会对各专业的明确需要，完善教学内容和教育体系，并且注重专业技能知识的教学；④ 为更多学生提供教育教学和培训的机会；⑤ 建立毕业生档案，制定多元化的技能技术框架。新加坡学校会以关注毕业生就业情况，扩展学生的职业发展前景为宗旨，建立为期一年的毕业生档案。

4）新加坡的改革创新经验

新加坡改革创新的经验是：制定基于校企合作的职业教育培养方案，紧抓人才培养流程，注重企业需求。职业教育基于为社会提供高技能人才的目的，主张培养应用型和技能型人才，让企业参与其中，也为更好地实现校企合作。在新加坡职业学校教学培养方式中，企业在学校毕业设计选题中或者课题研究中投入项目，由导师指导，企业技术人员在整个教学过程中参与和指导，让学生直接参与到实际企业项目当中。这样可以让学生充分认识到自己在实际企业中的定位，职业院校也能更好地针对于课程、实训、人才培养等环节进行革新，最大限度地提升学生的专业能力，在实际顶岗实习中磨砺，尽早适应社会。

5) 教改深入，补强师资

深化教学改革，重视"教－学－做－研"的结合，探索创新型"教学工厂"的模式。为提高毕业学生更好更快地适应社会岗位，培养学生的实践动手能力，高职院校要积极探寻"教学做"相结合的"教学工厂"模式，帮助学生在就业之初即可独立承担生产任务。新加坡南洋理工学院主张校企合作，通过具体的企业项目让学生学到实用性更强的知识和技能；这种方式不仅将企业项目放在了学校，还把教学和企业紧紧地联系了起来，更好地实现了"教学工厂"的教育和办学体系，也充分展现了岗位在社会实际中的作用。校企合作，既可以增加师资力量，又能完善人才培养模式。高校从企业中聘请专业技术人员，不仅能够改善高校教师团队结构，也能增加高职院校的师资力量，还能使人才培养模式更加完善，让学生能够从企业需求的实际出发，提前对企业岗位专业知识有所熟悉，从而培养出企业需要的高质量技能型人才。

2.1.5 日本的职业教育

1. 明确职业目标定位，凸显工匠精神

在日本的职业教育制度中，职业素质、高超的职业技能水平、集体荣誉感、合作双赢理念、工匠精神等是日本高职院校学生共同的职业人生目标，这也充分体现了日本明确的职业教育目标，凸显了工匠精神。日本的高职院校主要通过给学生设定的职业人生目标，进而形成课程体系，再通过对应课程体系来培养学生的职业意识、职业精神。

1) 注重就业的人才培养方案

日本的高职教育采取产学结合、校企合作的方式；新时期职业教育发展更需要与产业结构紧密结合，使职业学校与企业形成紧密的内在联系。日本注重"就业"环节，让学生到企业、工厂等实际工作地点进行实习，通过实地体验的方式了解企业的不同岗位的工作和企业的需求，反思自身，从而制定合理的人才培养方案，并强调知识的实用性，以及学生动手能力的重要性，让教学过程更好地服务于就业，从而实现双赢。

2) 提高专业技能，定制课程内容

日本高职院校的课程设置主要以提高专业技能为主，兼顾理论课和实践课。其课时安排也十分合理，课程总体设计包括三个方面，因为日本的礼仪文化突出，所以还设有教养课，其余就是专业课和实习课。其中的课程课时分布情况为：专业课占整体课程的80%，并且专业课是以实习和实践为主、理论知识为辅的授课模式；实习的经历可帮助学生较早地对工作设备、内容等方面进行熟悉，提前积累实习经验，以便在就业时提早进入工作状态。此外，院校还开设了各种各样的选修课，让学生能多方面了解各类职业，满足兴趣，制定适合自己的职业生涯规划。

3) 完善精准的就业指导制度

日本高职院校的就业指导制度十分完善。在每个学生入学时会分配专门的专业指导教师，按时对学习、生活情况进行了解并沟通，同时会根据自身的经验，并结合学生的学习、心理状况，对学生进行学习、生活、专业技能等方面的指导。就业指导就是帮助学生了解社会就业形势与当前就业状况，了解社会人才需求和有关人事与劳动政策法规，认识自己的职业兴趣、职业能力与个性特点的过程；同时，运用职业评价分析、调查访谈、心理测量等方法和手段，依据市场人才供求，按照求职择业者个人条件与求职意愿以及单位用人要求，提供咨询、指导和帮助，实现入职合理匹配，为毕业生的就业打下良好基础。

4) 多角度提升职教师资综合素质

为吸引更多人才从事职业教育，促进职业教师队伍整体业务水平的提高，日本政府给予从事职业技术教育的教师优厚的待遇，其工资比执教其他课程的同级教师高出百分之十，在课时上也相应有所减少。在教育领域中，日本高职院校的教师队伍的整体素质，决定了技能人才的质量。这类教师的选择有三个重要标准：具有相关专业理论知识，具有高校教师资格证，具有相关领域工作经验。这三点要求从不同程度上确保了在校学生所学的知识、企业岗位的能力要求。这种措施，通过教学能让学生掌握某些实际的操作技能，使教学摆脱了理论化和空洞化，最大限度地保障了学生进入企业后能够尽快地满足所处岗位的需求，尽快进入工作状态。

2. 日本职业教育的重要措施

1) 以人为本的教育理念

在日本，教育界认为教育不仅仅是一个简单的传授和获取知识的过程，更多的还是一个尊重学生自身个性化的发展、培养和创造学生的独立思考能力和创造能力，帮助学生发现自己潜在的能力并将其激发，增加自我价值的一个过程。在这样的理念指导和指引下，其教育的终端出口被日本职业教育精确地把握着，从而使日本职业教育顺利地完成了从就业指导到素质指导，再到职业生涯教育的转变。因此，以人为本、以生为本的核心教育理念被日本教育部门深植于各个层次的职业教育之中，鼓励学生在学习的过程中学会提升自我，加深对自我的认识，并根据自身情况提前做好科学的职业规划等。学校也十分支持学生培养兴趣爱好，例如，日本政府院校根据学生兴趣爱好和特长以及职业倾向开设课程，但是前提是学生在校取得毕业所需的最低学分后，才能选择此类课程。在得到校方的许可后，该校学生可以到其他学校或教育机构，学习与自己所选相关的专业课程等等，以便增加综合技能和提高职业竞争力，拓宽未来的就业渠道等等。

2) 多元主体，参与广泛

日本政府发布相应的政策，允许满足一定标准的企业进行职业教育，并给予企业在资金、信息等方面的支持。企业负责出资金，而学校则负责培养企业所需的人才，共同搭建校企合作人才培养平台。日本的多元化办学是不同办学主体相辅相成的结果，共同构成了日本的现代职业教育体系，其中企业与个人是其办学主体。政府将实施职业教育的权力下放给企业，后期给予扶持；扶持的手段亦有所创新，即为企业提供信息、资金等帮助。日本的职业教育学校与企业界共有三种合作形式：第一种，企业向相应的学校提供资金，学校则按照企业的需求来培养所需人才；第二种，企业根据资金公司的发展情况委托学校进行相应的科研项目，并给予相应的报酬；第三种，为了让学校开设的课程更具有针对性和加强企业与学校的联系和合作，企业聘任学校教师兼任企业工作人员，大学也聘任一些企业技术人员、专家为讲师、客座教授等。"产学合作"的职业教育模式将企业的资金资源和学校的智力资源结合了起来，更大地发挥了优势，减少了劣势，使得日本的职业教育能够更加适应社会的人才需要。

3) 灵活多样的评估体制与机制

学生可根据自身情况来选择课程。在教学过程中，院校除了会安排专业课程外，也会安排岗位实习等，教学形式除了传统的讲授、资格考试外，还有实验、实习、课外小组等多种方式，尤其是课外小组，十分活跃，方便学生进行课外研究和训练。教师会根据学校的规章制度和在校学生的具体情况帮助学习能力相对较弱的毕业学生，有效地保证了全体学生在总学制内完成学习任务，并确保毕业生的基础水准。院校也为完成了学校规定学业的在校生开设了能够取得资格证书的相应课程。

评价机制也逐渐成了选拔人才的重要途径，文部科学省对完成职业教育的学生授予"专门士"称号，日本政府将职业教育向国民经济和地方经济发展需要的方向引导，主要采取职业资格考试和技能鉴定的方式。通过这些举措，日本在职业教育方面取得了长足发展，并且在最大限度内保证了职业教育与产业、服务标准化进程的一致。此外，日本的职业教育在办学形式上也灵活多样，由职前教育、在职教育、转业教育等来相互补充。

4) 教师队伍专业化

日本的教师队伍极具专业化，综合素质高。第一，教师必须拥有国立工业大学或综合大学工业院校的本科学位(其中少数专业需硕士学位)，并且在校期间的学分必须高于普通的毕业生(例：优秀毕业生)；第二，必须通过相关理论课授课及操作技能的检验后，才可进入相关职业教育领域工作。此外，日本还设立了职业能力开发大学，专门教授技术师范或教育类的知识，在帮助职业训练指导员接受专业知识的同时，助力他们成长。同时，日本政府给予职业教师远高于其他大部分行业的薪资待遇，以鼓励日本民众重视职业教育的发展。

5) 中高职多元协同衔接体系

日本的高等专科学校有着多元化的入学衔接机制，入学后分为"准学士"教育和两年的专业学科教育。"准学士"的选拔机制是多元化的，招生对象不限制，既可以是初中毕业的学生，也可以是高中毕业的学生，高中毕业生可以根据入学条件转学后进入"准学士"四年级，相当于我国的高中生分流。

专业学科教育招生对象大致分为四大类：

① 本校"准学士"毕业生；

② 其他高等专科学校毕业生；

③ 短期大学毕业生；

④ 社会人员。

不同层次的人员有不同的选拔机制，比如，针对本校和其他学校"准学士"毕业生的招生，学校会根据学生的专业特点和自身的学习兴趣来进行推荐和选拔，推荐分为两个级别，一是一般推荐，二是重点推荐。重点选拔的级别一般都会和课题研究相关，不同级别的选拔也会有不同的选拔方案，最终的决定权在院校的入学考试委员会。

2.2 我国高职院校学生培养现状及问题分析

2.2.1 我国职业教育的发展历程

职业教育是我国教育中非常重要的一种教育类型，其目标是培养高素质的技术型和专业型的技能人才。在党和国家各级领导人的关心和指引下，我国现代职业教育事业取得了长足的进步，服务国家产业经济的能力明显提升了。职业教育的发展分为六个时期：第一个时期是在革命中兴起(1921—1949 年)，第二个时期是在学习苏联中成型(1949—1966 年)，第三个时期是在迷失中重塑(1966—1985 年)，第四个时期是在革新中进步(1985—1996年)，第五个时期是在规范中完善(1996—2013 年)，第六个时期是在跨境中融合(2013 年至今)。各个阶段都呈现着不同的模式和形态。

1. 我国职业教育的积极探索(1921—1949 年)

中国共产党作为领导中国新民主主义革命的新兴力量，成立于 1921 年 7 月 23 日，我国的革命事业迎来了蓬勃发展时期。面对革命战争的严酷形势，中国共产党一直将新民主主义教育作为一种有力的武器，在革命根据地积极开展面向劳动者和工农群众的新民主主义教育，开辟了新民主主义教育的崭新道路。中国共产党领导下的职业教育作为中国教育事业的核心部分，在服务革命战争、建设根据地的过程中逐步开启和发展。

2. 我国职业教育的初步发展(1949—1966 年)

中华人民共和国成立后，我国职业教育在学苏联模式中初步发展。一是《中国人民政治协商会议共同纲领》中提出的"加强中等教育和高等教育，注重技术教育"这一基本理念，成为当时中国从事职业教育的基本方针；二是教育部 1949 年的全国教育工作会议强调"特别要借助苏联教育建设的先进经验"，通过对中等职业教育的改革办学，从苏联经验开始探索发展出一套以技术为本位的、满足我国发展的中等教育和技工制度。

3. 我国职业教育的再生与崛起(1966—1985 年)

1966—1976 年，我国职业教育发展受到阻碍，进入阶段性的迷茫的。但随着十一届三中全会的召开，党和国家重新关注职业教育，职业教育稳步走向全面恢复和重新建设。

革新中等教育，使得中专学校和技工学校慢慢恢复。1966—1976 年，中等职业教育学校停办，教育结构失衡。为了解决两个问题(一是放缓初中毕业生升学和就业压力，二是培养国家建设发展需要的技术型工人、人才)，邓小平于 1978 年提出了改革中等教育结构的工作指示。1980 年国务院批转了教育部、国家劳动总局《关于中等教育结构改革的报告》，恢复了中专学校和技工学校，使部分公办普通高中成了职业中学。

4. 我国职业教育的规模扩张与体系初建(1985—1996 年)

第一次全国职业技术教育工作会议的召开和《中共中央关于教育体制改革的决定》的出台成为我国职业教育领域革新发展的重要里程碑，我国教育领域也从此进入了新的征程。国家和社会都认为要大力发展我国的职业教育事业，至此，我国职业教育逐渐步入正轨，并进入了高速发展的重要时期，职业院校和学生数量成倍增长，促使中等职业教育体系不断完善。早在我国改革开放初期，国家就开始注重高等教育结构的调整，随着职业教育等方针政策相继落实和教育体系革新的推进，中等职业教育规模得到迅速发展，并于 1998 年达到了高峰。《关于加强普通高等专科教育工作的意见》曾重点指出高职院校的培养目标、作用、定位等，同时提出了基于学业年限、教育教学方法、办学理念等方面的高职院校改革方案。国家教委起草了《关于积极发展高等职业教育的原则意见》，并于 1996 年在全国职业教育工作会议上明确了高等职业教育"三改一补"的发展方针。此后，在国家相继出台的政策文件下，我国的高等职业教育也找到了更为规范和思路清晰的发展路线，同时也让高等职业教育的发展更加迅速，截至 1996 年，我国高等职业教育在校学生人数共计 117 万人，当年新招生人数共计 43 万人。

5. 我国职业教育的中高职协调发展与内涵式发展转向(1996—2013 年)

随着我国改革开放的加速，中共十四大正式提出建立社会主义市场经济体制的发展方向，我国经济体制开始由计划经济向市场经济转变。21 世纪初，随着我国加入世界贸易组织，我国的社会主义经济正式与世界经济接轨，我国经济发展的价值选择重点放在了市场上。在对外开放与对内搞活的双重驱动下，服务国家经济建设的职业教育受到空前重视。1996—1998年陆续发布了《中华人民共和国职业教育法》《中华人民共和国高等教育法》，标志着中国职业教育事业在改革中开始步入法治化与规范化发展的"快车道"，在法治化与规范化发展过程中日趋完善。

6. 职业教育的科学谋划与功能拓展(2013 年至今)

2013 年，党的十八届三中全会明确了新时代全面深化改革的科学指南和行动纲领，吹响了我国社会主义改革方向发展前行的号角。在新一轮改革进程中，面对国内、国际新形势，国家提出了一系列重大战略举措，迫切需要职业教育提供人才支撑和智力支持。我国为大力发展职业教育，于2014 年颁布《关于加快发展现代职业教育的决定》，并将其定位于国家战略高度层面，加速实现现代化职业教育。

《国家中长期教育改革和发展规划纲要(201—2020 年)》要求重视推进现代职业教育体系建设。《现代职业教育体系建设规划(2014—2020)》和 2014 年《关于加快发展现代职业教育的决定》的发布，对职业教育体系建设进行了规划，能看出国家对发展现代职业教育的壮志。另一方面，职业教育的学历等级的革新也成为国家重点关注的事情。2015 年发布的《关于引导部分地方普通本科高校向应用型转变的指导意见》，成为我国职业教育升级的基石。

2019 年《国家职业教育改革实施方案》指出现代职业教育体系框架全面建成，中国特色现代职业教育体系基本形成。截至 2020 年，我国开展本科层次职业教育的试点已有 22 所职业院校(21 所民办和 1 所公办)，职业教育本科试点已经逐步进入更深的层次，我国本科层次的职业教育已由点到面，逐渐扩大。

2.2.2　我国高职院校的发展

1. 我国高等职业教育概况

截至 2021 年 6 月，我国本科职业院校仅有 27 所，高等职业院校 1468 所，中等职业院校 9865 所，我国高等职业院校共计 1.14 万所。中职招生 627.56 万人，在校生 1628.14 万人，中职招生和在校学生已经分别占据高中教育阶段的 41.73%、39.44%；高职专科招生 524.34 万人，在校生 1459.55 万人，招生和在校学生分别占普通专科的 54.2%、44.43%；职业本科招生 4.8 万人。职业教育已经成为整个中、高等教育的"半壁江山"，每年有 1000 万左右的毕业生步入社会，每年培训上亿人次。从国家和社会层面来看，职业教育已经成为人力资源供给的主要支撑。

普通高等院校、成人高等院校、以各种社会力量成立的高等职业教育院校是我国高等职业教育主要的办学机构。我国主要的办学方式有全日制在校、基于网络的开放式教育、非全日制在校、非全日制不在校。普通高等学校的全日制在校学生人数为 1400 余万人，表明全日制在校生已成为普通高等院校的重要组成部分；每年招生近 400～500 万人，2021 年已达到

500 万人，其中的高等职业院校学生就占普通高等院校在校生的 42.1%、招生量的 49.5%。高职生是非全日制在校生，占 66.3%，占整个招生数的 65.7%。从数据中不难看出，普通高等学校和成人高等学校是招收非全日制在校学生的主要办学机构。高等教育自学考试这种形式主要是以非全日制的高等院校为基础组织的，参加以非学历教育组织和国家考试为框架的高等教育自学考试取得文凭的约 400～500 万人，每年参加此类考试的约有 1200 万人。近五年来以网络为基础的开放式教育日益发展起来，现在，基于网络的开放式教育在我国注册的学生人数约有 236 万，主要涉及专业 150 余项。

2. 我国高职院校的发展

1) 注重人才培养，确立办学方针

我国高职院校的办学宗旨就是为社会服务，同时也为社会建设输送人才。高职院校学生的定位是应用型、技术技能型人才。目前，我国高等职业教育主要在专科层次，学历教育制是两年到三年学制。我国高等职业教育自 1998 年至 2021 年是以跨越的方式在发展。高等职业教育大众化的办学目标提出的时候，我国高等职业教育只是高等教育的一个组成部分，随着我国高职院校的不断革新与发展，高等职业教育已经成为高等教育的重要组成部分，目前的在校生是 596 万人。此外，网络教育和成人教育形式已然崛起，近两年的成人高职高专在校学生人数约为 278 万人，接受网络教育的在校生约为 109 万人，成人教育和网络教育在普通高等教育中占据了较大比例。早在 1998 年时只有 432 所，至 2021 年底已经开设了 1047 所，在这短短的时间内数量增加了一倍多。从全国范围来看，几乎所有的高职院校管理者都在强调文化建设，但做出亮点的并不多，说明在高职院校开展文化教育并非易事。高职院校文化教育既可以积极吸纳行业企业积极参与，又可以让社会力量积极帮助来开展高职院校文化教育工作。所以我国的高职教育文化建设正向着多元化的方向发展。在办学机构里，高职教育也不同程度、不同比例地存在于普通本科院校中。普通本科院校以成人教育、继续教育学院的形式或采取二级职教学院的形式举办了本科职业教育，这样的学校共有 1200 余所。本科职业教育采用与高职教育相同的教育方法，其招生主要采用五种方式：

(1) 网络教育学校单独举行入学考试，学习年限为二至三年。

(2) 成人教育学生参加国家机构开展的入学考试，学习年限为二至三年。

(3) 初中毕业生自主申请参加本科职业学校和高职院校组织的考试，学期为五年。

(4) 中职学生自主参加各省市组织的入学考试，接受二至三年的文化教育。

(5) 普通高中毕业生参加全国统一院校的入学考试，接受高职院校二至三年的文化教育。

2) 完成大量改革，更好进行服务

产学研有机结合的途径是以服务企业为核心，以创造就业为目标，开拓了办学目标的具体体现是要围绕"服务"这个核心思想。将国家经济建设、社会高度发展作为目标，以就业为方向大力培养专业技能型人才，让其找到一种实现自己人生价值的方式。职校办学应更注重产学研结合，注重学校与企业、公司的联合办学；以办学为宗旨，积极吸纳企业、行业等多种力量；对学校、专业、课程建设等各个方面进行了一系列的改革创新，并通过遴选、重点建设的方式在未来几年内在全国挑选具有代表性的高校，充分发挥不同地区、不同行业、不同办学类型的特点，提升我国高职教育水平。办学模式本身就是一条产学研相互结合的道路。产学研相互结合极大地强调了动手与实际培训，将国家财政资金以专项投入的方式在我国各地建设了一批具有示范意义的实训基地。在目前经济快速发展的形势下，针对部分学校启动了为国家培养高技能型人才的试点工程。加强师资队伍建设，建设六个国家级师资培训基地，构筑高等职业教育评价和保障机制。国家、地区和行业甚至是学校均已经建立起了相应的考核和保障制度，每五年进行一次追溯和质量管理，加强对教师的培养，分期、按批次地让优秀的教师获得相应的专业硕士学位。国家成立 20 余个专业类教学指导委员会。中国高职高专院校长联席会已有 50 个会员单位，全国高等职业教育研究会已有 345 个会员；同时，加强了地区之间、校企之间、国内外相关工作的沟通。行业各部门、协会等共同支持推进百所高等院校双证书直通试点，推行双证书直通的政策，将高等教育制度体系与行业职务证书管理体制建设进行融合，将教育的办学目标和行业用人标准进行融合，摸索如何让高职毕业生在获得专业毕业证书的同时，能拿到行业的上岗证书。这样一个新的改革模式不仅有助于学校将专业人才培养出来，也能充分满足企业的要求。

3. 我国高职教育发展的趋势

我国高职教育未来将会以内涵发展作导向。2021 年 11 月，教育部、财政部联合制定了国家示范性的高职、中等专科院校建设规划，提高了我国的高职教育主动顺应社会发展需求的水平。该项工程以进一步加强高等职业院校的基本能力建设作为其切入点，推进高职院校的改革与发展，加强教育内涵的建设，提高素质教育的水平，使先进制造业、现代农业、现代服务行业的技能型人才得到更好的培养。它将进一步加强"双师型"特色专业的建设，同时也将在全社会引导其他高职院校把工作重点转移到加强自身的内涵建设方面；其主要就是针对当前我国高职院校的办学环境条件相对比较差，"双师型"特色专业的教师队伍数量偏少，质量保证体系不够健全，办学管理机制的改革等有待创新和突破的特殊情况。

我国高职教育发展的动力来自于市场旺盛的需求，经济的发展要求人们获得更多、更专业的职业教育。但满足这个需要，仅靠高职招生规模的扩张，并不是正确的解决之道。因此，要以企业需求为导向，加强与企业的合作成为高职院校人才培养的必然模式，不断革新高职院校人才培养模式，满足企业切实的需要，最终使高职院校快速发展。

从专门的职业技术能力培训向综合性的能力培训转化，成为主要的人才培养模式。高等职业院校一直致力于积极探索以任职岗位和技术能力来进行人才培养，但随着我国经济的快速发展以及社会和企业的不同需求，它已经无法完全满足市场的需要。因此，如何让大学生在实践中具备自主创新能力、小组协调与合作能力、创新思维能力、职业转化能力、国际眼光等诸多方面的综合能力，已经成为高等职业院校人才培养的目标。这样不仅可以充分满足整个社会中小型企业的各类人才需求，还能实现人才综合发展的需要。

2.2.3　我国高职院校学生培养现状

1. 基于企业层面的学生培养模式

我国高职院校学生培养模式起步晚、发展快，呈现出区域性、多样性的发展趋势，并且擅长学习国外比较先进的经验和人才培养模式。目前，工学交替的产学研合作模式、综合型人才培养模式、"订单式"人才培养模式已成为我国高等职业院校人才培养模式的典型。

1) 工学交替的产学研合作模式

高职院校学生在校期间，根据教学培养计划，实行理论和实践相结合的教学方案，在教学培养计划中安排在校学生顶岗工作或到企业实习。近五年来，为了满足高职院校对于课程质量和教材资源的需求，以及开发优质教育资源的目的，我国高职院校开始注重校企合作，并推出 5.2 万种教材和 8.7 万门课程。此外，我国高职院校积极引入国外的课程教学模式，引入了美国、德国等国家的课程体系和教学方式，并研发出了适合我国的课程教学体系和教学方式，培养出了优质人才。

2) 综合型人才培养模式

"产、学、研"相互结合的人才培养模式作为现今我国高职院校与企业实现的校企合作中应用比较广泛的一种模式，是我国高职院校和其他社会企业在对人才的培养中进行全过程、整体合作的一种办学模式。该模式有利于培养和提升学生的综合理论素质、应用操作与开发能力。

3) "订单式"人才培养模式

为了满足合作企业的实际工作岗位要求，高职院校特别制定了相应的培养模式，并与企业达成协议，在各个方面实行校企合作，同时学校和企业一起承担招生和人才的培训工作，高职院校的学生毕业后可以直接到合作企业签订合同就业。

2. 基于政府层面的学生培养体系

1) 持续推进学校治理体系

近年来，各省市职教集团不断强化其辐射和引领作用，吸引本科院校、职业院校、行业企业、科研机构参与其中，聚拢更多院校和人才资源，服务区域经济产业发展。在教育部的积极推动下，截至 2020 年 10 月，全国组建了约 1500 个职教集团，吸引了 3 万多家企业，覆盖了近 70% 的职业院校。2018 年，我国正式建立了由中央有关部门人员亲自牵头制定有关高等学校职业教育工作部际联席会议的制度。联席会议由教育部牵头，由联合发展改革委等 9 个部门和单位组成。与此同时，各省也纷纷建立了省级职业教育工作联席会议制度。

2) 不断深化双元育人模式

职业院校响应《教育部办公厅关于全面推进现代学徒制工作的通知》等文件精神，积极推进现代学徒制试点工作。为保障现代学徒制试点成功，我国从 2015 年开始陆续分批次建立了 558 个现代学徒制示范点，涵盖 1000 余个技术技能专业，每年约有 9 万名学生参与学徒制试点工作。2018 年和 2019 年分别有 124 家和 232 家试点单位通过了验收。由国家发改委、教育部、财政部等部门于 2019 年联合颁布的《关于在院校实施"学历证书 + 若干职业技能等级证书"制度试点方案》正式宣告 1 + X 证书制度试点工作启动。2019 年，教育部公布了三批 92 个职业技能等级证书作为试点；6 月，确定了 6 个领域 1988 个院校试点开展职业技能等级证书培训；10 月，确定了 10 个领域 3278 个院校试点开展职业技能等级证书培训；2020 年 1 月，教育部职业技术教育中心研究所公布了 76 个职业技能等级证书，试点规模逐步扩大。

3) 打造产业化校企合作，助力城市高速发展

为全面深入推进产教融合发展，我国国家发改委、教育部于 2019 年联合颁布《建设产教融合型企业实施办法(试行)》，此"办法"不仅涵盖了

教育部曾在先期重点建设过程中甄选出的 24 家优秀的产教融合企业，更包括正努力转型升级的多方位的产教融合型企业，并给予其"金融＋财政＋土地＋征信"的多元化奖励机制。随着产教融合的深入推进，国家发改委联合 6 大部门印发《国家产教融合建设试点实施方案》，正式确立了囊括 18 个省、自治区、直辖市、3 个计划单列市为首批试点城市的国家产教融合试点范围。产教融合向更加宽广、更加纵深的方向发展。

4）对应需求产业，助力专业建设

高职学校积极为资源环境、交通运输、装备制造、文化艺术、农林牧渔等多种产业设置相关技术专业或新增的专业方向。对比 2017 年面向各个产业的新增专业数量，2019 年新增加了约 4100 个，其中大数据技术与应用专业、新能源汽车技术、工业机器人技术等和社会经济发展、人民生活息息相关的专业点增加的速度较快，分别增加了 275 个、216 个、207 个。这为形成专业动态机制打下了基石。2019 年，高职专科学校建立了政府调控与高职专科学校自主设置专业的配套动态调整机制，开设专业数达 43778 个，新增专业 4004 个，停招专业 7110 个，撤销专业 966 个。2019 年 1 月，国务院印发的《国家职业教育改革实施方案》提出建设一批高水平骨干专业(群)的目标；3 月，教育部、财政部印发《关于实施中国特色高水平高职院校和专业建设计划的意见》；12 月 18 日，"双高计划"公示 56 所高职院校成为高水平学校建设单位，141 所高职院校成为高水平专业群建设单位。经统计，29 个省、自治区、直辖市立项的 253 个专业群，覆盖 18 个高职专业大类，其中，排名前三的专业大类分别为装备制造、交通运输和电子信息，契合国家重大战略和区域支柱产业。

5）完善全面育人政策，紧抓思想政治建设

教育部"三全育人"综合改革试点工作在 2018—2019 年遴选了 8 个综合改革试点省，25 个综合改革试点高校，92 个综合改革试点院(系)。2019 年，中共中央办公厅、国务院办公厅印发《关于深化新时代学校思想政治理论课改革创新的若干意见》，要求全面贯彻党的教育方针，坚持德育工作，完善"思想政治课"基础建设，把思想政治工作融入教育科研全过程，推动职业技术教育课程与思想政治文化教育相结合，促进各种课程内容与思想政治基础课的衔接。各地加强了思想政治理论课建设探索，不断深化理论研究，创新组织形式。

2.2.4 高职院校学生培养存在的问题及分析

1. 总体发展不够均衡

高职院校办学区域分布不平衡，迄今为止，我国大多数省市的高职院校数量占比能达到40%以上，但高职院校大多分布在经济较为发达的区域，在经济欠发达的区域比较少，这表明高职院校虽广泛分布于全国各地市级行政单位，但区域、省与省之间差异显著。在高等职业院校资源配置方面，尽管近年来国家政府不断优化高职院校的教学资源和办学条件，不断扩大支出，但我国高等职业院校的教学资源、办学条件、经费支出在经济发达地区和经济落后地区还是呈现出很大的落差。

2. 办学定位不够清晰

高等教育、职业教育两大体系中都存在高等职业教育的身影，并且高等职业教育是拥有"职业性"和"高等性"双重属性的教育类型。与中职教育相比，高等职业教育有层次之分。我国高职院校在很长一段时间内为提高自身的办学竞争力和办学水平，盲目跟风本科人才培养方式和课程内容，努力寻找机会，升格为本科大学，最终沦为本科的"压缩品"。这主要是因为"三教统筹"和"三改一补"政策虽将多类学校划归到高等职业教育范畴之中，但难以解决高等职业院校和成人高等学校学术属性浓厚等"基因"问题。

3. 生源质量偏低，经费待提高

高等职业院校与本科院校的招生方式不同，以致生源质量有很大差距。高职院校招生方式一般分为单招、统招，其中单招生是学生参加的单招考试，这也是学校和学生的选择；统招生是在本科批次后招生录取，并且以高考成绩为依据。但是近几年单招又进行了扩招，再加上单招考试题比高考题简单，录取的分数也比之前低，迫使单招生源的质量直线下滑。所以，在生源质量较低的情况下，更需要高等职业院校在人才培养方面花费更多的精力。高职院校经费来源较为单一，其主要来自国家的支持和自筹的经费。如果出现教育经费不足的情况，高技能人才的培养质量势必会受到影响，而且高技能人才培养的教材、课程、师资建设等基础工作会出现严重滞后的情况。

4. 高素质技术技能型人才培养的资源需求逐渐提高

高职院校尽管已经形成了符合职业教育需求的教学模式，但在教学资源的利用和管理方面还存在一些问题。高职院校人才培养中，校企合作没有深度融合，大部分都停留在表面，行业、企业等未能充分参与高职院校人才培养过程。课程计划由高职院校制定，理论教学与实践教学结合不紧密，学生的实践能力得不到提升，进而影响学生的发展。高职院校在引进行业、企业高层次、创新型人才方面投入力度不够，校内双师型教师数量不足，教师的实践能力有待提高。

5. 校企合作联系不够紧密

"校企合作"人才培养模式在实际发展中虽然取得了一些成绩，但总体还存在一些问题。一方面高职院校与企业对校企合作的意识不足，另一方面两者在合作上的联系也不够紧密，不仅高职院校没有做好相关组织活动，企业在合作中的积极性也不高。这主要体现在高职院校没有与企业做好深入沟通与研究工作，应分析企业对学生专业技能和岗位相关能力的需求，加强在这方面对人才的培养。

6. 忽略学生全方面能力的培养

高职院校学生的综合能力包括文化素质、专业知识技能、沟通能力和身心素质几个方面。目前，高职院校主要以培养专业的技术型人才为主。为更好地促进高校毕业生就业，高职院校高度重视学生专业技能和技术的培养，而忽视了其他综合能力和素质的塑造。在这种导向下培养出来的毕业生往往具备比较扎实的专业技能，但是缺少人文素质和沟通能力，从而制约了毕业生工作后的职业发展。

第三章 高职学生职业核心素质理论发展与实践

3.1 职业核心素质概念界定

3.1.1 职业

职业指个人所从事的服务于社会、并作为主要生活来源或目标的工作。根据中国职业规划师协会的定义：职业 = 职能 × 行业。

1. 职业的特征

1) 职业的社会属性

职业是人们在劳动过程中因分工不同而出现的概念，它体现了劳动力和工作手段之间的关系，也体现了劳动主体之间的关系。劳动产品的交换可体现不同职业之间的劳动关系。在工作过程中形成的人与人之间的关系是一种社会关系，在人与人之间的工作交流中，不同职业之间形成了一种均衡的社会分工，从中体现了工作成果的社会属性。

2) 职业的规范性

职业规范的意义包括两点：一是职业的内部操作规范要求；二是职业道德规范。职业都应遵循一定的操作规范，这是保证职业活动专业性的要求。相异的职业对外服务时表现出的、存在伦理范畴的规范被称为职业伦理性。

3) 职业的功利性

职业的功利性也被称为职业的经济性，具体是指职业作为人延续生命价值的劳动工具，在价值表象上具有其逐利性。当然，在职业的发展中，劳动者不仅要通过职业满足个人需求，也要兼顾社会性，即社会需求。劳动者在职业发展中，必须兼顾个人和社会的发展，从而有助于实现自我、成就自我。

4）职业的技术性和时代性

职业具有技术性和时代性的特点。技术性表现为，从事一种职业必须要具备与之相匹配的相应技术；职业的时代性具体表现为，一种职业往往会被打上时代的烙印，随着时代的发展，一种职业可能会消失或被替代，也可能被革新。

2. 职业的四个相关

(1) 与个体的实际需求和职业层次相关，强调不同能力的人分别应该做什么。

(2) 与职业内部的具体性质相关，强调不同职业要求的不同技能。

(3) 与社会公序良俗相关，强调通过劳动换取生活物资。

(4) 与人的发展相关，强调人的物质生活和文化生活需求的差异性。

3.1.2　职业发展

1. 职业发展的相关定义

职业发展的目标是指力争在所选择的领域和能力范围内成为专家。对于专家的分类，我们并不将其局限为研究人员或技术顾问。专家是指在某一领域具有广泛而深入的经验，并对该领域有深刻而独特的认识的人。至于行政技能、团队建设、规划和沟通等能力是个人在职业生涯中需要发展的技能，它们是实现职业发展的重要工具，但不是目标。

2. 职业发展的情形

(1) 顺势发展。当职业符合个人愿望时，劳动者在这个职业中的实践会日趋完美，从而达到更高层次的职业发展水平。例如，一个充满激情的写作爱好者被聘为报纸记者，他写得越多，越有可能成为一个作家，甚至成为一个有影响力的作家。

(2) 努力发展。当职业不符合个人愿望，但个人又不能改变职业时，个人应在工作中培养对当前职业的兴趣与热情，并努力积累经验，这有可能获得意想不到的成功。例如，一个有写作爱好的人被一家公司雇佣，从事市场营销工作。起初，他的适应能力很差，但他无法改变自己的职业，不得不慢慢工作适应，渐渐地，他对市场产生了浓厚的兴趣，最后，成了一代营销大师。

3. 职业发展的实施

1) 员工自我评估

员工自我评价是指每个员工通过分析和评价自己的能力、兴趣、气质、性格以及自己专业发展的要求等，确定自己的职业目标和职业道路。

2) 组织评估

组织评估是指利用相关信息对员工的能力和潜力进行客观公正的评估。这些信息主要来自员工绩效评估，还有反映员工教育水平和职业背景的人事记录。对个别员工的组织评估，通常由人力资源人员和经理共同进行。

3) 职业信息传递

员工在确立自己的职业目标时，必须了解职业选择和职业机会，以及获取组织内关于职业选择和空缺职位的信息等。各组织应及时向其员工提供关于组织发展的信息，提高他们对组织的了解，包括晋升的机会和条件、工作效率的评估结果、培训机会等，并帮助员工了解自己的职业发展路径。

4) 职业咨询

职业咨询是指职业规划过程中各种持续的咨询活动，它伴随着整个职业发展过程。在职业发展过程中，晋升、换工作、人际关系等问题可能是员工无法预见或必须面对的，职业指导可以帮助员工解决职业发展问题，为员工提供参考建议，帮助员工作出明智的决定。

5) 职业指导

职业指导可以定义为一种发展活动，包括正式和非正式的教育、培训和工作体验。职业指导为员工指明可能的发展方向，提供发展的机会。在双方协商一致的前提下，每个员工都可以根据组织的发展需要申请更换不同的工作岗位。

4. 职业发展的阶段性

(1) 职业初期：员工具有较好的积极性，具有明确的职业目标及职业抱负。

(2) 职业中期：晋升机会减少，意识到体能变差，以及实现职业目标的难度。开始在生活中寻找新的目标，家庭关系也可能在此期间发生改变。

(3) 职业后期：工作逐步熟练，也没有换工作的打算，在工作中感到落寞，没有安全感，渴望寻求安全保障。部分人员开始对职业和单位产生偏见，生产力下降，导致高旷工率、高事故率。

5. 职业技能发展的变化

虽然劳动者是一个选择的主体，但不会存在任意的选择，因为选择受到劳动者工作能力的限制。工作能力是指劳动者参与社会生产的能力。它包括身体能力和智力能力两个方面，具体分为五个能力要素：体力、智力、知识、技能和人际关系。劳动者形成的职业工作能力并非一成不变，它们会随着时间的推移和内外部条件的变化而变化。劳动者的工作能力并非一成不变，它们会随着时间的推移和内外部条件的变化而变化。工作能力的变化一般有以下三种情况。

1) 强化

强化是指劳动者从某一特定职业的长期工作中不断获得丰富的经验，通过终身学习、培训和教育，劳动者的智力、知识、技能和人际关系都得到了提高。

2) 衰减

衰减分为绝对衰减和相对衰减。绝对衰减是指，劳动者因自身条件的变化而产生的工作能力的下降。相对衰减是指，在劳动者工作能力不变的背景下，由于现代科学技术的发展，客观外部条件的变化，如设备更新、工艺技术变复杂等，劳动者的专业工作能力发生的相对下降。知识的老化和技能的过时也是这种衰减的一部分。

3) 转化

转化即职业技能发展的方向发生了变化。这些变化往往以原有的职业能力为基础，并在相互联系的职业间进行。一旦转化完成，就职业能力而言，可能会出现以下情况：初始技能得到加强，新的职业技能被添加到更高层次的"多技能"和"多面手"职业技能中。

3.1.3 核心素质

核心素质是指在人的社会发展过程中，为适应个人发展需要而形成的关键性格和能力，它是人对知识、技能、情感、态度和价值观等多种需求的组合。对核心素质的评价，主要关注过程，关注人在培训过程中的成就，而不是结果。同时，核心素质的形成过程是稳定的、开放的和进化的。这是一个动态的优化过程，伴随着可持续的终身发展，随着时间的推移而演变。这是人们适应未来社会、促进终身学习、实现全面发展的根本保证。

3.1.4 高职学生职业技能核心素质

随着移动应用、人工智能、云计算和大数据等技术的不断进步和发展，各行各业的发展离不开互联网技术。与此同时，人们的生活、学习和生产方式都面临着巨大的变化，尤其是在教育和教学领域。对于高等教育机构来说，最紧迫的问题是如何培养适应互联网+时代需求的人才，这就对职业培训提出了新的要求，如果要跟上发展的步伐，就必须在职业培训活动中增加技术能力和整体素质培养两个方面的内容。传统的职业培训往往侧重于技能的发展，而忽略了整体素质的发展，因此紧抓学生的职业技能核心素质培养已经成为高职院校重中之重的首要任务。

职业技能核心素质是指一个劳动者为了完成一项工作而必须具备的素质。劳动者在此素质发展期间，需掌握相关的人文知识、科学知识、专业技能，了解职业活动、生产流程、工艺原理、专业标准，树立职业理想和职业道德。但在一些特殊场景中，评估一个人专业能力的高低时，职业技能核心素质也会被用来作为某人从事其职业时的整体素质。

3.2 职业素质与人才培养的关系

3.2.1 职业人才素质发展变化中的教育活动考察

在生产力的发展过程中，职业的产生与发展是通过社会分工实现的。职业随着经济和技术的发展而发展。与此同时，随着生产力的发展，教育活动变得独立，不完全受生产工作和社会生活的影响，这对职业技能的形成和发展起着至关重要的作用。

1. 职业人才素质教育的演进与发展

职业技能的要求在不断变化，从要求发展操作技能到职业技能，再到要求发展基本技能，职业技能教育也在不断发展。在农业社会，职业教育的主要表现形式是学徒制，即师傅向徒弟传授职业技能与技巧。在工业社会中，随着以职业能力为导向、面向大众的职业人才素质教育逐渐出现，职业人才素质教育也逐步朝着专业化的方向发展。

20 世纪 20 年代，在职业教育中首次使用了职业能力的概念。职业能力的研究，是通过对人类行为的科学分析，探索在职业领域达到高水平所需的能力。能力不同于知识和技能，但它与知识和技能有着不可分割的联系。与此同时，工业社会的一系列生产标准对农业社会的学徒制模式提出了质疑，学徒制作为一种原始的职业教育培训手段，正逐渐淡出人们的视野，取而代之的是以学校为主体的现代职业教育模式。

学校职业教育的主要任务是教授科学知识和生产技术，同时强调对特定从业人员进行职业技能培训。信息社会对人才的专业知识、技术技能、职业态度提出了更高的新要求，以职业素质发展为导向的终身教育渐渐被人们接受。当然，在专业人才的培养过程中，专业活动所涉及和应用的技术比技术理论具有更大的实践价值和内涵。特别是随着经济社会的发展和进步，技术研究越来越广泛，这意味着只有将科学技术和职业教育结合，才能更好地保证人在社会劳动中的主体地位，创造更多的职业机遇。

2. 职业人才素质教育中的价值坚守

考虑到人的素质对其职业发展的重要性，自始至终，我们不应忽视对道德价值的崇拜，这是对从业人员的最低要求。因此，道德价值教育也就成为传统教育中最重要的组成部分。从农业社会到工业社会再到信息社会，以道德为中心的基本价值一直是辩论的中心。各个时代、各个地区、各个国家的思想家和科学家都对"美德"进行了深入的讨论。在西方，早在古希腊时期，对于评价一名合格的社会成员或公民，当时已有相对明确的标准和要求。苏格拉底提出"有思想的人是万物的尺度"，并教导人"努力成为一个有美德的人"。柏拉图认为思想是事物的本质，"善"是思想世界的最高层次，教育是建立理想国家和培养合格公民的主要手段。亚里士多德认为教育的目的是追求理想和培养好公民。据此我们主张：知识是美德的必要条件，不过不是充分条件，道德的形成必须在知识和行动的统一中进行。

古今中外的教育家都将"道德教育"摆在了教育的首要地位。古语有云，德者，才之帅也；才者，德之资也。这句古语从某种程度上说明了道德教育的重要性。何为道德教育？要弄清这个问题，必须先要搞明白什么是道德。道德作为一种社会上约定俗成的、约束人的行为的一种价值观念，在社会的发展过程中起着至关重要的作用。明代思想家，心学大师王守仁，倡导在教育上力求使学生获得"知行合一"的发展。知行合一就是指在教育的发力点上实现"知识"和"思想"的"双突破"。他主张"知道，做不到，等于不知道"的观点，这就要求学生不仅要掌握老师教给他的知识，同时也要有敢于钻研、甘于吃苦的品性，这便是道德教育的关键。随着近代工业革命的发展和科技的进步，社会生产力实现了大的提高，各种新技术不断涌现。中西方学术界有教育家认为，在当今工业时代，是否应该将技能教育摆在比道德教育更加重要的位置上，这一问题值得我们思考，历史通过时间会慢慢证明。一味地发展科技，而忽略对劳动者的道德教育，会让科技反作用于人类。例如，工业化的当下，人类的居住环境变得恶劣，森林被砍伐，河流被污染，全球温室效应不断加剧，科技在带给人类便利生活的同时，也在不断吞噬着人类的健康。所以，在工业社会中也提出了"价值理性"这一概念，旨在借助道德来约束和指引科技的发展。

由此可见，工业化时代的发展渐渐引起了人们对道德的思考，信息化社会的技术变革让人们树牢了道德意识，认识到了道德对于科技、时代发展的重要性。所以，在当下面临更多发展机会的我们，更应该树牢我们高尚的价值体系，让道德约束我们的行为，在进行技术革新、时代变革的时候，用道德指引我们前进的方向。在我国，将这种培养体系总体概括为"立德树人"。立德树人这一概念，鲜明地将"立德"摆在了首要位置，只有"立德"，方可"树人"，这是将新一代职业人才培育成为社会主义合格建设者的关键。

3.2.2　职业与教育互动中的职业核心素质及其价值

1. 基于职业人才培养的职业核心素质理解

1) 专业水平

专业水平的提高可以从两个能力维度实施：核心技能与泛核心技能。核心技能指的是胜任某个岗位所必需的能力，就像一个靶标的中心环；泛核心技能是指靶标的外围环，由近及远。这就好比一个士兵，核心技能是搏杀之技，是生存之本；泛核心技能可能是兵法战略、天文地理、人文风俗。这些泛核心技能对核心技能的作用各不相同，有些能马上提升你的核心技能，有些则在默默加持你的核心技能。

2) 敬业

衡量敬业与否有两把尺子，即责任心与内驱力。责任心是指对分内事务认真负责，不是抱着应付的心态，而是本着愿意牺牲一些个人利益而把事情做好的心态。内驱力是促使人不断学习的动力，只有内驱力强大的职场人才会主动学习，对业务技能的学习或业务线知识的拓展都需要内驱力的驱使，否则人将满足于现状，停滞不前。那些位居企业中层的人，最怕的是产生守成心态，因为处于这一阶段的人足够胜任现在的岗位，有能力有资历让自己守成。没有内驱力的人，会在不求有功、但求无过的心态中浑浑噩噩地度过余生。

3) 职业水平

职业水平分为职业素质与职业道德。职业素质的核心是角色扮演，因为不同岗位对员工有不同的要求，比如销售岗位要求的性格特质可能是外向、乐于表达；行政岗位要求的性格特质可能是成熟稳重、细致灵活等。所以，进入职场环境，收起自己个性，展示岗位性格特质(即职业素质)。职业道德的核心是约束权力与欲望，滥用权力就会产生以大欺小、倚老卖老、以权谋私的行为。而过分的欲望会导致贪功推责、权色交易、稀释团队的凝聚力等不良后果。

2. 基于职业核心素质的高职教育价值表达

职业教育的职业属性是指职业对教育的社会性限定与规制，旨在促进教育发展，使其胜任社会分工，集中体现了社会经济、政治、文化等对教育的制约，以及教育对社会发展职责的回应。换句话说，职业与教育的互动关系集中体现在教育需要培养什么样的职业角色以及与之对应的职业活动和培养规格等方面。与职业的发展变化一致，职业教育以一定的社会和经济发展为基础，反映出特定历史条件下人才培养关注点的变化，即"培养什么样的人"以及"怎样培养人"的问题，其中人才培养目标的价值定位又是职业教育的核心内容。因此，在对职业核心素质的内涵和特征进行理论追问的同时，有必要对其重新梳理和反思。职业核心素质促进高职教育人才培养价值定位的演进，因为这将直接决定高职教育人才培养的标准和规格等现实问题。

1) 教育理念的反映——从"制器"到"育人"

教育在本质上是一种社会活动，由于政治经济发展程度的不同，不同历史时期对教育的理解也是不同的。但是，作为文化的一种表现形式，教育活动是当下社会需求的直接反映，是此时职业情境下对"培养什么样的人"的回应。同样，职业核心素质是生产力和生产方式发展变化的产物，是对职业教育的本质属性、价值取向的认识和判断，代表了对教育活动进行理解和认识的最新成果，其结构与要素对职业教育活动具有重要的指导意义。从更深层次上讲，培养职业核心素质对引领院校教育方向、统领教学改革具有重要的理念引导作用。当然，教育理念属于观念体系的范畴，植根于人们对教育规律的理性认识和抽象概括。教育是生成社会角色的途径，即通过教育为社会培养合格的劳动者，教育也是经济发展、社会稳定的基础。因此，教育的一个重要任务和使命就是帮助社会成员养成所需的基本素质，使其能够胜任所扮演的各种职业角色，实现教育活动与社会发展的良性互动。

在教育发展的过程中，在很长的一段时间里，职业教育被认为是培养特定职业所需的知识和技能的活动。从农业社会的操作技能到工业社会的职业技能，职业教育倾向于将着力点放到职业所需的知识和技能上，职业教育在一定意义上成了"制器"的工具。当然，这也是特定历史条件下社会和经济发展的产物。职业教育的"制器"功能在工业社会初期为经济发展和企业生产需要的"批量化"技术技能人才培养起到了不可替代的作用，成为与经济社会发展联系最为紧密的社会活动。久而久之，"制器"教育成为了职业教育的一种"标签"。当然，将"制器"视为职业教育的理念，其产生的负面效应也不容忽视。一方面，教育经济功能的无限放大遮蔽了职业教育的多元价值。出于对经济特性的过度宣扬，职业教育的目的被窄化为培养适应职业岗位需要的熟练工人，培养学生如同生产产品，知识和技能狭窄且单一。另一方面，对教育工具理性的过分强调弱化了学生的主体地位。过分强调学生职业岗位就业的适应性，冲淡了职业教育的"育人"功能，忽略了教育使学生"全面发展"这一主体功能。

回归教育的本质，作为一种类型教育，高职教育的本质也应该是"育人"。人作为教育活动的主体，应该始终处于教育活动的中心。职业核心素质的提出，在一定程度上体现出从"制器"到"育人"的演进趋势，要求高职教育回归教育本真，指向育人的终极目标。这既是对原有的"制器"教育的修正和反思，也是对21世纪教育要"培养什么样的人"的科学回应。因为随着信息社会知识经济和信息技术的深入发展，经济社会发展进入新的转型时期，技术进步、生产变革正在以颠覆性的方式影响和改变着人们的生产和生活，传统的高职教育人才培养模式已难以适应快速变化的经济社会发展需要。从1972年"富尔报告"提出学习型社会和终身教育，到1996年"德洛尔报告"提出学习的支柱，再到2017年《反思教育：向"全球共同利益"的理念转变？》一书中提出对可持续发展的核心关切，呼唤将教育和知识作为一项全球共同利益,人才培养问题反复被提上议事日程。职业核心素质作为职业教育理念新的理解和表达方式,有助于在信息社会背景下,重新审视和唤醒高职教育的育人属性,把育人的目标指向培养全面发展的人,推动高职教育全面走向"育人"的教育教学立场。

2) 教育目标的体现——从"职业人"到"全面人"

无论从内容还是形式上,职业核心素质都指向了经济社会发展对人才标准和规格的新要求,这本身就是对教育目标的描述,具体来说,这是对"培养什么样的人"的具体思考。高职教育作为教育的一种特殊类型,从产生之日起就具有了明显的区域共生性和职业导向性,与区域经济社会发展结合得较为紧密,致力于培养直接从事行业产业生产需要的技术技能人才,即培养符合职业岗位需求的合格"职业人"。这种以就业导向为目标的高职教育人才培养思路,就是要培养学生具备熟练的岗位职业技能,使学生进入社会以后具有较强的职业竞争能力和岗位适应能力,能较好地满足用人单位的用工需求。很长一段时间里,这种以就业为导向的高职教育目标,在我国职业教育的各种政策文件中得到明显体现。从最初的工学结合,到之后的校企合作,再到后来的产教融合和产教深度融合,都在不同的层面体现出职业教育人才培养目标的规定性,以着力培养满足区域经济社会发展需要的、满足行业产业岗位需求的合格职业人为目标。在具体的教育实践中,各个高职院校也在不遗余力地贯彻落实这种职业教育政策,先后探索出订单式培养、嵌入式培养、校中厂、厂中校等职业教育人才培养模式,整合了学校和企业的资源,努力为用人单位培养"适销对路"的合格职业人。需要指出的是,同其他类型的教育一样,职业教育的终极目的是人的生存和发展。特别是随着信息技术的突飞猛进和经济社会的转型发展,一方面,职业的边界变得模糊和开放,职业的流动性不断增强,原有的职业与从业者之间紧密的契约关系不复存在;另一方面,随着知识经济和信息技术对社会生活的影响日益深入,新的知识与技能需求不断被提出,诸如"技术适应能力""岗位迁移能力""信息技术能力""数据分析能力"等,都被纳入到传统教育目标中。职业的这种新发展也从另一个侧面呼唤高职教育人才培养目标的转向，由"合格的职业人"到"全面发展的人"。随着信息社会科学技术的迅猛发展，单靠以往"做加法"的方式更新教育目标已难以为继，因此，迫切需要在价值取向和思维方式方面作出变革。作为 21 世纪教育目标的集中体现，职业核心素质的提出表明人们对信息社会职业教育目标内涵有了新认识，同时也昭示着高职教育目标领域的思维方式从"分析还原"到"系统综合"的转变。从价值取向来看，职业核心素质培养的关注点从对知识和技能的强调转换到强调人的全面发展。从思维方式来看，职业人的目标发生由"线"到"面"的突破，有助于建立起更加系统和综合的教育目标结构。换句话说，职业核心素质不仅体现出新形势下高职教育人才培养规格的新需求，而且也预示着信息社会高职教育应对技术进步、生产变革和职业变化而进行的职业教育目标系统的"范式转换"。

3.3　学生职业核心素质相关理论与模型概述

3.3.1　学生职业核心素质相关理论

1. 职业生涯发展理论

职业生涯发展，是指劳动者通过从事一项工作而取得的发展。职业生涯要想实现发展，必须认清楚自己的真实情况。首先弄清以下问题：我喜欢做什么职业？我适合做什么职业？哪些职业适合我？我不愿意做什么职业？哪些职业不适合我？针对上述问题的回答，你就拥有了一个大致的职业发展方向。在职业发展过程中，我们还应该对自身职业进行"量身选择"，寻找出适合自身发展的职业路径，并在这个职业路径上努力工作，从而实现职业生涯发展。

2. 多元智能理论

多元智能理论是加德纳于 1983 年提出的，并在之后多次对其进行发展。该理论认为，智能是解决某一问题或创造某种产品的能力，而这一问题或这种产品在某一特定文化或特定环境中是被认为有价值的。多元智能理论对智能的定义和认识不同于传统的智能概念。加德纳认为，智力是一个人解决他遇到的真正问题或根据社会和文化环境中的某种价值标准生产和创造产品所需要的能力。智力不是一种能力，而是多种能力的集合。智力不是以一种综合的方式存在的，而是相互独立的。多元智能中智能的不同类型如下。

(1) 言语语言智能：指对语言的掌握和一个人灵活使用语言的能力，这表现为用语言思考和能使用多种不同的语言及用语言表达复杂意义的能力。

(2) 数理逻辑智能：指人对逻辑结果的理解能力，尤其是用逻辑思维解决问题的能力，表现为使用逻辑方法来解决问题，理解数字和抽象模型，运用知识推理问题的能力。

(3) 视觉空间智能：指人们对颜色、形状和空间位置正确的感觉和表达能力，其显著特征表现为对视觉世界有精确的认知、辨别、思考、图像制作和三维空间感知的能力，能感知物体之间的联系。

(4) 音乐韵律智能：指人感知、辨别、记忆和表达音乐的能力，其特征表现是对环境的非语言声音(包括韵律和旋律、节奏和音质)的敏感性。

(5) 身体运动智能：指人的协调性、平衡性、力量感、速度、灵活性等，其特点表现为能利用身体进行交流和解决问题，需要掌握对物体的控制，能从事和要求良好运动技能的活动。

(6) 人际沟通智能：指对他人的表达、言语和手势的敏感性和有效反应的能力，表现为个人感知他人情绪并作出适当反应的能力。

(7) 自我认识智能：指个人识别、理解和反思自身的能力，其特征表现为能敏感地感知自己的感觉和情绪，了解自己的长处和短处，利用自己的知识指导决策和设定目标。

(8) 自然观察智能：指通过观察自然界的不同形式，具有识别和分类物体以及理解自然或人工系统的能力。

3. 人职匹配理论

20 世纪 70 年代以前，职业生涯规划还未成为一个系统化的专业，随着对素质和职业生涯规划研究的深入，职业生涯规划才开始作为一个独立的专业，并获得学术界的关注。在西方发达国家，超过 50%的劳动者都能够获得职业生涯规划培训。职业生涯规划是针对所有职业的，而不是当某职业拥有良好的发展前景，才对其进行职业生涯规划。对任何职业进行规划都是有意义的。在职业生涯规划的研究过程中，出现了劳动者与职务之间应匹配的学说，被称为"人职匹配理论"。该理论具体指，只有劳动者和职务匹配，才能实现劳动效率的最大化。需要明确的是，只有爱某份工作，劳动者才会将更多的时间和精力投入进去。如果某个职业遭到了其岗位上的劳动者的厌恶，那么生产效率低下是不言而喻的。

4. 职业锚理论

职业锚理论是美国著名的职业指导专家埃德加·H·施恩(Edgar H. Schein)教授提出的。所谓"职业锚"，关键在"锚"。所谓"锚"，是指船舶在停留时用于固定船舶的工具。那么所谓"职业锚"，确切地讲是指当一个人因为客观情况作出选择的时候，需明白什么东西是他始终不愿意舍弃掉的，那么这一部分不愿意舍弃的东西，就会成为他在职业规划上的"锚"，他的职业锚将作为他的职业价值观念，并始终作为指引其职业发展的方向。职业锚的概念，究其根本来讲属于心理学范畴。职业锚的建立基于人对职业的认知，在充分认知的基础上，让个人能力、价值观念、成就动机有机融合，为实现职业生涯发展助力。

3.3.2　学生职业核心素质相关模型

1. 胜任力模型

胜任力模型(又称冰山模型)是近年来在人力资源管理理论和实践能力不断提高的背景下引入的一个全新概念。胜任力模型集中表现了执行某项任务所需的能力或支持要素，这些要素是根据组织或公司的职能需求而向求职者提出的。它规定了担任该职位的人所需的技能。胜任力也是发展和学习自身技能的一个指标。胜任力模型还可以作为人力资源管理人员规划员工职业生涯的基础，以及制订培训计划的基础和信息来源。胜任力模型的示意图如图 3.1 所示。

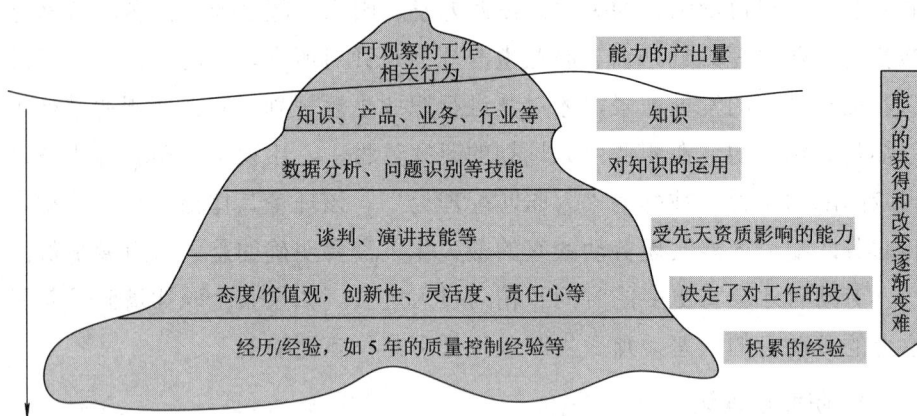

图 3.1 胜任力模型(冰山模型)

胜任力模型的研究机构主要分为三类：第一类为国有研究机构(如社科院)；第二类为中外合资研究机构(如伯特咨询)；第三类为国外研究机构(如SHRM)。相比而言，国有研究机构更具学术性，中外合资研究机构更务实，而国外研究机构更着眼于未来。

1) 建立基于胜任力的职务分析

基于胜任力的职务分析是以胜任力为基本框架，即通过分析优秀的市场类员工的主要特点和组织环境变量，确定某职位的技能要求。这是一种以人为中心的功能分析方法。以这种方式确定的职位要求，一方面能够满足本组织目前对市场类岗位的要求，另一方面，它适应了组织发展的需要。也就是说，根据组织未来发展的需要，重新组织工作职责和工作任务，确认职位要求，科学地划分"人"和"工作"，使"人"和"工作"尽可能地匹配。

2) 建立基于胜任力的人员选拔

基于胜任力的人员选拔，显然是应该建立在能力和道德之上的。首先，能力是劳动者能够胜任工作的重要条件。一个没有能力的劳动者待在某个岗位上，其难以实现劳动价值，所以企业在选择职工的时候，从企业利益角度考虑，会优先选择工作能力较强的员工，但企业容易忽略的是员工的道德品质，这在企业获得生产效益的过程中也尤为重要。一个有才能但是没有道德的员工，工作的才能反而增加了对企业的破坏程度，成为企业中的"危险分子"。在选拔人才之后，企业要对新进职工进行培训，不仅要在专业知识、专业技能上对其进行培训，同时也应该着力对其进行道德培训，着力培养员工的业务能力、奉献精神和大局意识，使员工急企业之所急，想企业之所想，更好地为企业服务。

3）建立基于胜任力的激励机制

基于胜任力而设计的激励机制要求企业与员工之间以劳动契约和心灵契约为双重纽带建立战略合作伙伴关系，让员工和企业一起成长与发展壮大，从而让公司和员工实现共赢的局面。其目的是建立合理、公正的绩效管理体系和建立满足知识型员工需求的价值管理体系。

4）建立基于胜任力的培训机制

培训是人力资源开发的核心。对培训需求的准确理解是高质量和有效培训的先决条件。弄清"在哪里接受培训""员工需要什么样的培训"等培训问题是分析培训需求的关键。建立市场类员工的胜任力模型，不仅可以评估各级市场人员目前的能力和资格水平，而且可以量化和比较其职业能力信息，从而了解员工当前在职业能力方面存在的问题，进而有针对性地设计培训内容和安排培训课程。

5）建立基于胜任力的评估机制

对目标实现情况、绩效和能力的评估可以帮助员工实现他们的工作目标，提高他们的技能，并帮助他们了解在公司的职业发展机会。能力评估通常包括：员工的潜在能力和发展趋势是什么？员工需要什么技能和经验来满足工作要求？需要什么样的培训来弥补员工缺乏的经验和能力？评估员工的技能水平，分析阻碍员工更好表现的障碍，了解员工的职业目标和抱负。根据上述信息，为员工制定绩效和技能发展目标，并采取措施不断激励他们调整工作行为，以达到个人和公司所期望的绩效结果。

6）建立以能力为基础的薪酬体系

随着市场经济的发展，组织结构变得合理化和扁平化，工作小组或工作团队成为组织结构的基本单位。同一工作团队的员工之间没有明确的任务分工，他们一起工作，对团队的表现负有集体责任。无国界工作和无国界组织已经成为组织的发展目标。对工作的任务和责任没有详细规定，只规定工作的性质、任务以及工作人员的技能和技术。因此，薪酬制度发生了以职位为基础的变化，其中宽带薪酬制度反映了以个人能力为基础的薪酬概念，同样，对于拥有不同技能结构的公司员工，可能会设计不同的薪酬结构。

2. 5C 模型

北京师范大学中国教育创新研究院发布的《21 世纪核心素质 5C 模型研究报告(中文版)》基于我国社会、经济、科技、教育发展需求，进一步研讨"打下中国根基、兼具国际视野"的人应该具有哪些素质，提出"21世纪核心素质 5C 模型"并搭建框架，详细阐述了相关内涵。

"21 世纪核心素质 5C 模型"包括文化理解与传承(Culture Competency)、审辩思维(Critical Thinking)、创新(Creativity)、沟通(Communication)、合作(Collaboration)，这 5 项素质的首字母均为 C，故称该模型为核心素质的5C 模型，这些素质简称为 5C 素质。5C 素质的每个方面又包括 3～4 个二级维度，如表 3.1 所示。

表 3.1　5C 维度表

一 级 维 度	二 级 维 度
文化理解与传承 (Culture Competency)	1. 文化理解
	2. 文化认同
	3. 文化践行
审辩思维 (Critical Thinking)	1. 质疑批判
	2. 分析论证
	3. 综合生成
	4. 反思评估
创新 (Creativity)	1. 创新人格
	2. 创新思维
	3. 创新实践

一 级 维 度	二 级 维 度
沟通 (Communication)	1. 同理心
	2. 倾听理解
	3. 有效表达
合作素质 (Collaboration)	1. 愿景认同
	2. 责任分担
	3. 协同供应

3. 层级并列结构模型

层级并列结构是基于亚里士多德"认识社会的动物"这一观点衍生出来的。亚里士多德认为，人的社会属性是人的第一大属性，人必须在融入社会中创造价值。基于这一观点，我们可以认为人只要生活在社会中，难免与他人产生关联，所以提出"三面九项"的层级并列结构(见表3.2)。其中"三面"是指人能自律自主地行动，这是指人的行动能力；能互动地使用工具，这是指人的操作能力；能在异质社群中进行互动，是指人在陌生的环境中所展现出的人际交往能力。"九项"是"三面"所延伸出来的九个方面，具体见表3.2。该模型认为，人要在社会上立足，就必须符合"三面九项"的规定，这样人才可能实现自我价值。

表 3.2 层级并列结构模型

一级指标(三面)	二级指标(九项)
能自律自主地行动	1. 在复杂大环境中行动的能力
	2. 设计人生规划及个人计划的能力
	3. 维护权利、利益、限制与需求的能力
能互动地使用工具	1. 互动地使用语言、符号与文本的能力
	2. 互动地使用知识及信息的能力
	3. 互动地使用科学技术的能力
能在异质社群中进行互动	1. 与他人建立良好关系的能力
	2. 与他人团队合作的能力
	3. 控制与解决冲突的能力

4. 整体交互型结构模型

对整体交互模型的理解，应该先了解"整体"和"交互"的概念。所谓整体，是指在对人才培养的过程中，要有整体观念和大局思维，不能够偏重于某一项，或者轻视某一项，要对劳动者的素质进行整体培育。所谓交互，是指各项指标并不是独立存在的，而是相互交叉的，在培养人才这一项指标的同时，那一项指标同时也会得到增长。自整体交互模型提出以来，得到了以欧盟为首的国家的大力支持。欧盟推出了"素质终身学习"概念(见表 3.3)，其本质正是借鉴了整体交互模型的概念。实践证明，通过培养人才的八大素质，能够快速地提升劳动者的自身素质和业务水平，并已取得了良好的效果。

表 3.3　核心素质八大架构和其七项具体内涵

核心素质的八大架构	七项具体内涵
母语沟通	批判思考、创造力、主动积极、解决问题、风险评估、作决定、感受管理
外语沟通	
数学素质以及基本科技素质	
数位素质	
学习如何学习	
人际关系、跨文化交流能力、社会素质以及公民素质	
积极创新应变的企业家精神与创造力	
文化表达	

5. 系统整合型结构模型

系统整合型结构指的是核心素质的各要素具有一定的逻辑，呈系统分布，同时核心素质影响并辐射到教育的各个环节，各核心素质应被有效整合到素质框架中。美国的 21 世纪技能框架是其典型代表。美国 21 世纪技能框架根植于 21 世纪核心素质项目，这一项目从一开始就建立了以核心素质为轴心的学习体系，具体涉及学习的科目主题、学习结果的指标以及学习的支持系统，在此基础上，美国于 2007 年提出拱形彩虹结构的 21 世纪技能学习(即核心素质)体系框架，如图 3.2 所示，该模型主要包括三个部分。

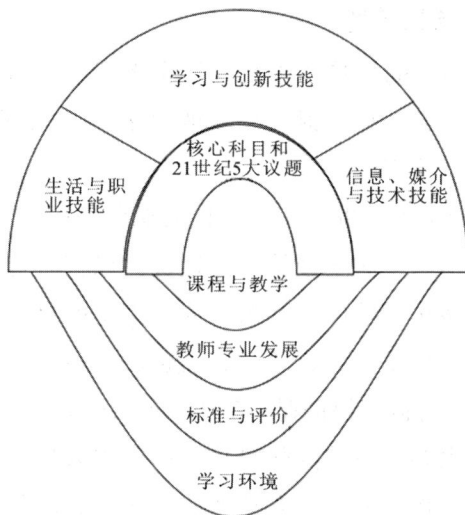

图 3.2　21 世纪技能学习体系框架

　　第一部分是彩虹外环的核心素质体系的指标，包括生活与职业技能，学习与创新技能以及信息、媒介与技术技能。它描述的是学生面向 21 世纪生活和工作必须掌握的知识和专业技能。

　　第二部分是彩虹内环的核心素质体系的内容，主要涉及核心科目和 21世纪 5 大议题。值得一提的是，这一模型将全球意识、公民素质、理财素质、健康素质和环保素质 5 个 21 世纪议题纳入核心素质内容体系，其目的是帮助学生进一步学习如何应对现实生活中的具体问题。前两个部分合在一起就是学生学习的成果。其中，核心素质指标的落实需要依赖核心素质内容规定的学科知识发展和学生理解。

　　第三部分是彩虹底座的核心素质的体系支持系统，这也是美国 21 世纪技能学习体系框架最大的特色所在，具体涵盖了课程与教学、教师专业发展、标准与评价和学习环境 4 个部分，是支持各种核心素质形成和落实的基础。同时，支持系统与指标和内容是相辅相成的，共同构成美国 21 世纪技能学习体系框架。总体来看，美国 21 世纪核心素质体系具有更强的整合性和更好的整体性，核心素质被影响和辐射到教育的各个具体环节和过程，被融入到整个教育体系中，显得更为系统立体，相对线性结构，该体系更为综合和成熟的结构模型。

6. 同心辐射型结构模型

同心辐射型结构指的是核心素质各要素之间呈现出同心圆结构的排列方式，核心为圆点，并对外辐射。新加坡的 21 世纪素质框架和日本 21 世纪能力框架是其典型代表。

新加坡的 21 世纪素质框架由三个同心圆组成(见图 3.3)，最内环是核心价值观，在框架体系中居于最核心的地位。以核心价值观为中心，辐射和发展出与自我发展相关的能力和未来社会需要的素质。这一核心素质框架中的核心价值观包括了尊重、关爱、负责、坚毅与和谐等，源自新加坡社会共有的价值观。值得一提的是，新加坡的 21 世纪素质体系具有明显的国际视野，提出学生要适应国际化趋势，能够与来自不同文化背景、具有不同观念的人一道工作。其同心圆框架最外环的素质包括了公民素养、全球意识和跨文化交流技能，批判性、创新性思维，交流、合作和信息技能。

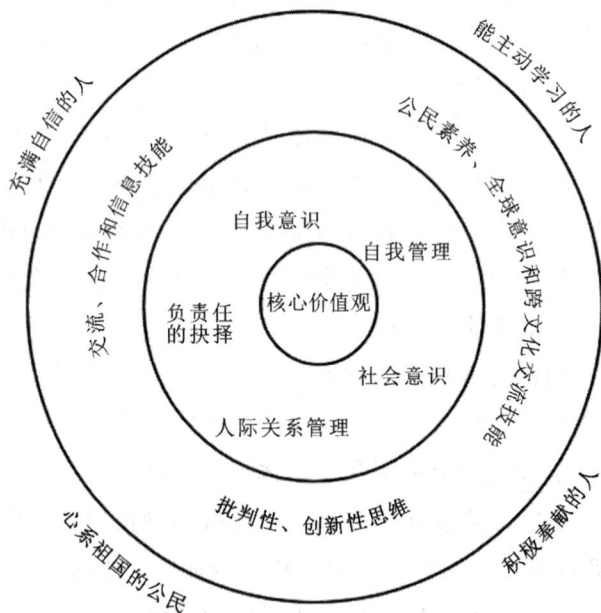

图 3.3 同心辐射型结构模型

第四章　职业核心素质大数据模型

　　本章面向高职学生核心素质发展进行高职学生职业核心素质模型的构建，这是高职院校落实立德树人的根本任务，这个模型深刻把握新时代党和国家对职业教育提出的新要求，贯彻落实社会发展赋予行业企业的新任务，深入分析高职院校类型特点和学段特征，满足精准助推学生职业生涯的客观要求。通过对国内外大量的文献资料进行的分析，通过运用行为事件访谈法、工作分析法、德尔菲专家调查法、问卷调查法、案例分析法等进行学理分析和实证研究后，构建了适合新时代高职院校学生成长成才的职业核心素质模型，为高职院校人才培养、专业建设、课程教学提供参照，并通过互联网+、云计算、大数据等信息化手段实现对学生职业生涯轨迹的指导、跟踪、反馈和评价，促进高职学生成长为国家需要、社会认可、自我欣赏的高素质优秀人才。

4.1　高职学生职业核心素质模型构建的理论分析

　　高职学生职业核心素质模型的构建需要建立在一定的理论分析基础之上，要能够体现高等职业教育的特点，能够顺应时代发展的要求，能够实现人的全面发展，要能为高职学生的职业生涯规划提供可参考的价值。通过对前期研究资料的总结分析，对于高职学生职业核心素质模型的构建，需要充分结合以下几种理论基础。

4.1.1　高职学生职业核心素质与人的全面发展学说

　　从根本上说，认识和研究高职学生的职业发展核心素质，就是回答"教育要培养什么样的人"这一问题。培养什么样的人，人到底应该朝着哪个方向发展，人的最终归宿是什么，这都是高职学生职业发展核心素质模型构建中必须深入研讨的问题。从古至今，关于人的发展的研究，学术界展开了很多讨论，目前最为科学与全面的还是马克思主义关于"人的全面发展学说"。马克思主义关于"人的全面发展学说"分析了现实的人和现实的生产关系，指出了人的全面发展的手段、条件和途径。人的全面发展的基本内涵包括：人的智力、体力、才能、志趣和思想道德等方面的全面、协调、充分发展；人在社会众多领域的才能及创造；在既定的历史条件下，人的个性的自由发展和选择从事各种社会活动的自由。

20 世纪初，中国开始逐步开展马克思主义关于人的全面发展学说的中国化研究。1957 年毛泽东在"关于正确处理人民内部矛盾的问题"的报告中说："我们的教育方针，应该使受教育者在德育、智育、体育几方面都得到发展，成为有社会主义觉悟的有文化的劳动者！"1999 年 6 月中共中央、国务院作出《关于深化教育改革全面推进素质教育的决定，提出全面推进素质教育，培养适应 21 世纪现代化建设需要的社会主义新人。党的十八大提出，培养德智体美全面发展的社会主义建设者和接班人，补充和发展了人的全面发展学说，体现了马克思主义的中国化。

因此，马克思主义关于人的全面发展学说作为中国教育方针的重要理论源泉，对于构建高职学生职业核心素质模型具有较高的理论价值。人的全面发展学说为构建高职学生职业核心素质模型提供了重要的科学认识论基础，厘清了人的培养方向和培养目标，提供了如何正确评价人的理论标准。

4.1.2 高职学生职业核心素质与人职匹配理论

人职匹配理论是强调人的职业性质与个性特征应匹配的理论。其核心思想是每个个体都有自己的个性特征，差异是普遍存在的，而不同的职业对于工作者的知识能力水平、技能层次、性格特点、气质类型、心理素质等都有不同的要求。个体在进行职业决策时，应该根据个体的个性特征选择与其匹配的职业类型，即进行人职匹配。如果匹配合适，则个体的个性特征与职业环境协调一致，工作效率和事业成功的可能性就会相应提高。反之，则有可能降低工作效率和事业成功的可能性。因此，对于组织和个体来说，进行恰当的人职匹配具有非常重要的意义。进行人职匹配的前提之一是对人的个性特征进行充分了解和掌握，而人才测评是了解个体特征的最有效方法，而进行人才测评所应用的最有影响的理论是"特质因素理论"和"人格类型理论"。

帕森斯的特质因素理论(Trait-Factor Theory)又称帕森斯的人职匹配理论。特质因素理论是最早的职业辅导理论，帕森斯在1909年发表的《选择一个职业》著作中提出了人与职业匹配是职业选择的焦点，个别差异是普遍存在的，每个人都具有自己独特的能力模式和人格特征，而某种能力模式及人格特征又与某些特定职业存在相关性。帕森斯提出职业指导由三步(要素)组成：第一步是评价求职者的生理和心理特点(特性)；第二步是分析各种职业对人的要求(因素)，并向求职者提供有关的职业信息；第三步是人职匹配。

人格类型理论是由美国职业心理学家霍兰德创立的，认为不同类型人格的人需要不同的生活或工作环境。霍兰德在其所著的《职业决策》中，将人的人格分为六种类型——实际型、研究型、艺术型、社会型、企业型与传统型，并为每一特定类型人格匹配了相应的职业。但是，他在后续的研究中发现，因为人有广泛的适应能力，所以当某一人格类型在某些方面或者某种程度上能与另一种人格类型有一定的相似时，也可以说明这个人能适应后者对应的职业类型。

为了让高职学生能够顺利进入职场环境，作好职业生涯规划，高职学生职业核心素质模型的构建也必须遵循人职匹配理论。人职匹配理论的方法论可以在高职学生制定职业生涯规划时为其作出人职匹配预测：一方面通过测试能够比较清楚地告诉学生自己的人格类型，让学生对自我有充分完整的认识；同时也是为学生在进行职业选择的时候提供更多参考和指导，进而在校期间不断加强学生的相应职业岗位能力素质培养，能适应从学校到职场的转变。

4.1.3　高职学生职业核心素质与人和社会的辩证关系

马克思在《关于费尔巴哈的提纲》中指出，"人的本质不是单个人所固有的抽象物，在其现实性上，它是一切社会关系的总和"。人是自然产物，也是社会产物；是社会关系的主体，也是社会关系的客体。人处在社会生活中，不是作为单一的个体存在，人无时无刻不在与社会生活的方方面面缔结着不同层次的联系。

《国家中长期教育改革和发展规划纲要(2010—2020 年)》强调，把促进人的全面发展、适应社会需要作为衡量教育质量的根本标准。姜大源教授在《职业教育要义》中提出，职业教育要使一个"自然人"或是"生物人"，成为社会所需要的职业人，人是一个既要生存又要发展的社会人。职业教育的这一培养目标规定了不能脱离具体的社会环境建构职业核心素质。经济合作组织也从社会愿景和个人生活需求两个方面提出了核心素质指标框架，具体包括"能互动地使用工具""能自主地行动"和"能在异质社会团体中互动"三个维度，它们各有侧重，但彼此相互关联，共同组成了一个系统。因此，高职学生职业核心素质模型的构建也必须充分衔接人与社会的关系。在构建高职学生职业能力核心素质指标的时候，要充分考虑社会对于自然人的基本要求、社会关系对于人的素质要求，充分聚焦人在社会生活中的自主作用，聚焦人与生产的辩证关系以及人与社会的互动关系，从而科学地提出指标要素和具体内容。

4.1.4　高职学生职业核心素质与人际关系理论

人际关系学说诞生于霍桑试验。霍桑试验由美国哈佛大学心理学家梅奥等人于 20 世纪 20 年代进行，是一种较为完整的全新管理理论。当时，许多企业管理学者和实业家都逐渐开始重视人的积极性对提高劳动生产率的影响和作用，因此对其开展了专门的、系统的研究。

心理学家建议人际交往应遵循四个原则：一是相互性原则。彼此之间应相互尊重与支持，我们喜欢那些喜欢我们的人。二是交换性原则。个体希望人与人之间的交往是有价值的，在交往的过程中得到的不能少于失去的。三是自我价值保护原则。对于认同自我价值的人，个体更容易接纳，反之如果对自我价值进行贬低和否定的人，个体更容易疏远。四是平等原则。在人际交往中要平等待人，互相尊重对方获得安全感和放松感。

人际关系理论提出了与传统管理不同的四种观点：第一，传统管理都是以事为中心，人际关系理论以人为中心；第二，传统管理把人假设为"经济人"，人际关系理论认为人是"社会人"，即人是有社会和心理学等方面需要的人；第三，传统管理认为生产率单纯受工作方法和工作条件的制约，人际关系理论则认为生产率的提高和降低，在很大程度上取决于职工的态度；第四，传统管理只注意"组织"对职工积极性的影响，人际关系理论认为，非组织因素也会影响职工的情感和积极性。

由此可以看出，良好的人际关系不仅是高职学生职业核心素质的重要组成部分，同样也是保障高职学生在岗位上取得发展的题中之义。在构建高职学生职业核心素质指标的时候，要将培养学生良好的人际关系作为一项重点工作。

4.1.5 高职学生职业核心素质与双因素理论

1959 年美国心理学家赫茨伯格提出，企业中有关因素分为满意因素和不满意因素。他认为满意因素和不满意因素是影响员工绩效的主要因素。满意因素是指可以使人感到满足和激励的因素。不满意因素是指容易产生意见和消极行为的因素，即保健因素。保健因素的内容包括公司的工作环境、政策、管理手段、工资绩效和人际关系等。使人感到满意的因素都是工作以外的因素，虽然满足这些因素，能维持原有的工作效率，但却不能激励人们更积极的行为。使人感到激励的因素与工作本身或工作内容有关，包括工作本身的意义及挑战性、赞赏、成就、晋升、责任感、发展前景等。这些因素如果得到满足，可以得到更大的激励作用；若得不到满足，也不会像保健因素那样导致不满情绪的产生。

双因素理论亦称"激励—保健理论"。双因素理论认为，影响人的工作态度的因素有两种，一种是保健因素，另一种是激励因素。其理论根据是：第一，不是所有的需要得到满足就能激励起人们的积极性，只有那些被称为激励因素的因素得到满足才能调动人们的积极性；第二，保健因素不被满足时将引起强烈的不满，但具备时并不一定会调动强烈的积极性；第三，激励因素是以工作为核心的，主要是在职工工作中发生的。

因此，在构建高职学生职业核心素质指标的时候，既要考虑到高职学生职业核心素质发展的"激励"因素，促进学生在工作中不断取得发展；又要考虑"保健"因素，化解学生在思想上面临的固有危机。

4.1.6　高职学生职业核心素质与职业生涯发展观

舒伯在职业生涯的研究上颇有建树。他在已有的研究基础上又提出了生活空间和生活广度的职业生涯发展观。其核心观点是发展性的"自我概念"。"自我概念"的发展过程就是自我分化、角色扮演、探索及接受现实考验的一系列过程。自我概念是个体对于自己和自己所处环境的一种主观看法，其发展是一个动态的、发展的生命全周期。

舒伯将一个人的职业生涯发展划分为一系列的生命阶段，包括成长、探索、建立、维持和衰退五个阶段。根据布尔赫勒(Buehler)1933 年的生命周期和列文基斯特(Lavighurst)1953 年的发展阶段论，舒伯又发展出一个新的职业和生涯的发展概念模式。他在 1953 年提出了 10 个基本主张，随后又进一步发展为 12 个基本主张。

因此，在构建高职学生职业核心素质指标的时候，要将学生的发展看作是一项动态的过程，不仅要谋划好高职学生在高校三年的发展，也要为学生计长远，站在终身职业发展的角度宏观地对高职学生职业核心素质进行谋划。

4.1.7　高职学生职业核心素质与职业生涯辅导理论

波士顿大学教授帕森斯("职业生涯辅导之父")曾提出职业生涯辅导理论。其思想主要体现为职业生涯规划的三个要素。

(1) 清楚地了解自己的态度、能力、兴趣、智谋、局限和其他特性。

(2) 提供职业的知识和信息，即成功的条件及所需知识，在不同工作岗位上所占的优势、不足以及补偿、机会和前途。

(3) 上述二条件的平衡，即根据自身条件及职业信息恰当地判定职业方向。

帕森斯的这三个步骤，其实就是"知己""知彼"与"决策"，强调了个人与职业因素的匹配。在构建高职学生职业核心素质指标的时候，既要让学生清晰地认知自身的客观情况并加以把握，又要为学生提供可参考的知识和信息。

4.2　高职学生职业核心素质模型构建的原则、方法和步骤

4.2.1　模型构建的基本原则

1. 时代性原则

高职学生职业核心素质模型的构建要坚持时代性原则。在开展职业核心素质研究的过程中，国际组织、研究团体站在新时代的制高点上对其不断进行深入和细化。从对人的全面发展的思考到对核心素质的关注，从2014年教育部发布《关于全面深化课程改革落实立德树人根本任务的意见》开始，国内教育领域逐步掀起了研究核心素质的热潮，到2016年形成《中国学生发展核心素质》框架，无不是时代赋予的新的研究任务。构建高职学生职业核心素质模型，要时刻关注党和国家、社会对职业教育提出的新要求，要时刻关注我国产业结构升级以及高端制造业发展对高职学校办学方向提出的新任务，要时刻关注新时代对高职学生的新期许，要时刻关注那些能够直接回应社会需求和应对社会变化的关键能力和必备品格。2020年，教育部等九部门印发关于《职业教育提质培优行动计划(2020—2023年)》的通知，提出要坚持职业教育与普通教育不同类型、同等重要的战略定位……大幅提升新时代职业教育现代化水平和服务能力，为促进经济社会持续发展和提高国家竞争力提供多层次高质量的技术技能人才支

撑，这进一步指明职业教育发展方向。

2. 职业性原则

高职学生职业核心素质模型的构建应坚持职业性原则。职业性原则最本质的要求就是要时刻谨记高等职业教育的办学特点和职业人才要求。

首先要区分高等职业教育与普通高等教育的区别，厘清高等职业教育的办学特点。普通高等教育和高等职业教育都属于高等教育，普通高等教育主要培养的是研究型、探索型、设计型人才，更偏向于学术和理论研究，而高等职业教育主要培养的是具备一定程度的专业知识，操作型、技术型的高层次人才，更倾向于实践操作。随着社会不断向前发展，人才在社会经济、国际竞争中发挥着越来越重要的作用，因此高等教育与经济社会发展的联系也越来越紧密，高等职业(高职)教育在经济社会中也扮演了非常重要的角色。近年来，国家不断扩大高职院校招生规模，在 2019 年，李克强总理在政府工作报告中首次提出高职院校扩招 100 万人的工作部署。2020 年，再一次在政府工作报告中提出高职院校在 2020 年和 2021 年扩招 200 万人，这一举措深刻表明党和国家对于高等职业教育的重视和期待。高等职业教育应该服务于所在地区的经济发展和社会需要，其培养出来的高级职业技术人才应能满足当地的实际需求。高职院校的发展以及教育教学的改革，很大程度上与当地经济发展的速度和产业结构的变化紧密相关。随着我国经济结构的战略性调整，社会对高等职业教育的发展定位和目标要求必然以适应社会和经济发展的需求为出发点和落脚点，高等职业教育的根本性要求就是，要知道如何挖掘自身特点和价值，如何更好地为社会服务。

其次是要认清高等职业教育与职业、企业、行业之间的紧密关系。高职学生职业核心素质需要体现的是职业发展对人才素质的要求，需要人能适应具体的职业环境，满足岗位要求，更加鲜明地强调人职匹配的理论逻辑。

3. 人本性原则

高职学生职业能力核心素质模型的构建要坚持人本性原则，即要结合认知理论、多元智力理论，关注学生成长规律、个性特点、学生的可持续发展。高职学生很多都是在学习成绩上稍弱一些，而学习成绩在一定程度上可以反映出学生的学习能力、学习态度、学习效果的差异。之所以出现这种现象，主要原因是院校生源的不同。一般来说，高职院校的生源主要来自三个方面：参加普通高考的学生、中等职业技术学院和职业高中对口招生的学生；而普通高等教育的生源基本都是普通高等学校毕业生。高职学生相较于普通高等学校的学生，存在基础差、学习热情不高、自主意识弱等问题，高职学生职业核心素质模型的构建就是要充分认识到高职学生的根本性问题，然后因材施教。同时要为高职学生打通职业生涯路径作出努力，要理清两步走路径：一是高职院校—专升本—职业本科培养路径；二是高职毕业直接就业的培养路径。根据不同路径，要制定相应的职业核心素质培养体系，最终使高职学生在情感、智力、身心、技能方面都有所提升，帮助他们顺利进入社会、适应社会，最后实现服务社会的目的。

4. 信息化原则

高职学生职业核心素质模型的构建要坚持信息化原则。当今的时代是信息化的时代，是数据高度整合的时代。随着互联网技术的不断发展，"互联网+"思维已经深入人心，同时也成了学术界研究的金钻子。2018年，教育部印发《教育信息化 2.0 行动计划》，这是教育信息化的升级：教育要实现从专用资源向大资源转变，从提升学生信息技术应用能力向提升信息技术素质转变，从应用融合发展向创新融合发展转变。因此"互联网+教育"这种将互联网科技和教育结合的教育形态是教育不断向前发展、顺应时代变迁的最好印证。在构建高职学生职业核心素质模型时，要充分结合大数据、云计算等技术手段，通过 PC 端和移动端的双平台，建立起高职学生职业核心素质培养大数据系统，全面囊括调查、记录、推荐、评价等环节，充分实现高职学生职业核心素质培养路径的可视化、网络化、数据化，为学生的职业生涯发展提供全面、系统的参考，为企业选人用人提供直观的依据，让学生、家长、社会、国家看到高等职业教育的作用和价值。

5. 科学性原则

高职学生职业核心素质模型的构建要坚持科学性原则。坚持立德树人的根本任务，坚持以人为本，遵循学生发展规律，促进学生德智体美劳全面发展。此外，它还需要符合党和国家的教育方针和政策法规，符合教育的根本目的，符合职业教育的根本要求。高职学生职业核心素质模型要体现出结构的合理性、科学性，样本选择、维度取向、指标建立要符合科学原理和教育规律，问题的设定要符合职业教育规律和反映实际需要。

4.2.2 模型构建的主要方法

1. 文献研究法

文献研究法是定性的研究方法。任何一项好的研究都需要建立在已有的研究基础上。本书通过借助电子图书馆和电子数字库资源获取文献资料，重点以 Google 学术、Web of Science(收录 SCI、SSCI、A&HCI、CPCI 等有影响力的学术期刊)、CNKI 数据库为主，梳理近 20 年来国内外关于学生核心素质、职业核心素质等相关文献资料，结合党和国家政策对职业教育、学生发展、人才培养进行的有关论述，对有关内容进行重点分析。总结国内外经验和做法，提炼汇总高职学生职业核心素质指标，构架高职学生职业核心素质模型框架，为下一步实证研究提供文献基础。

2. 问卷调查法

问卷调查法指的是用问卷的方式对研究问题进行度量，搜集研究所需资料的研究方法。本研究通过高职学生职业发展核心素质调查问卷，来验证职业核心素质的模型。该问卷使用美国社会学家李克特于 1932 年建立起来的测量态度量表的方法，将所建构的职业核心素质模型中的指标作为调查内容，以校企合作企业优秀绩效者和一般绩效者为调查对象，对职业核心素质的指标要素进行评分，每一个问题的回答分为："非常不符合""比较不符合""不确定""比较符合""非常符合"，得分为 1~5 分。

3. 模型构建法

在高职学生职业核心素质模型的研究中，常用的定性分析方法除了常用的行为事件访谈法和问卷调查法，还有工作分析法(Job Analysis)、专家团体焦点访谈法(Focus Group Interview)、关键成功因素法(Key Success Factors)等。随着科技的发展，不断有学者通过新的技术支持开发出新的建模方法，例如网络层次分析法、灰度理论、时变权重模型等，这些方法的主要目的都是获得高信度和高效度的数据。本章结合灰度理论模型和时变权重模型，构建一种基于时间变量的动态职业核心素质模型。

4. 交叉实证法

常用的模型检验方法包括交叉实证法(Cross Validation)、效标关联效度(Criterion-related Validity)、法则有效性(Nomological Validity)等。本章对职业核心素质模型检验采用交叉实证法，在理论模型的建构与发展过程中可以实施交叉证实，即在一个样本中先采用探索性因子分析法(EFA)找出变量的因子结构，建立理论模型，再在另一个样本中采用验证性因子分析法(CFA)去验证和修改模型，以保证量表测量结果的确定性、稳定性和可靠性。其优点在于：

① 可以同时考虑和处理多个因变量；

② 容许因变量和自变量含有测量误差；

③ 容许潜在变量由多个观察指标构成，可同时估计各指标的信度和效度；

④ 容许一个观察指标同时从属两个潜在变量；

⑤ 可以设计潜在变量之间的关系，并估计整个模型与数据的拟合程度。

5. 对比分析

将职业核心素质模型中的每一项能力指标与某高职院校人才培养方案中课程体系的每一科目的培养目标进行归纳和综合比对，分析结果更具真实性和可靠性。

6. 统计分析法

统计分析法是指用数值形式以及数学统计的方式反映被评价对象特

征的信息分析、处理方法。研究借助此方法主要是为了更好地构建高职学生职业核心素质模型，更加客观、准确地揭示各个要素之间的结构和关系。

4.2.3 模型构建的步骤

国内外组织、研究团队、学者在构建核心素质模型时，立足所在国家体制特点、社会形态、教育状况等现实因素，采取目标统一、方法各异的设计思路。概括来说，构建的模型主要有三种类型：一是自下而上型。这种类型是基于归纳推理的研究方法，先广泛征求意见和建议，然后再提炼和构建框架体系。这种思路的优点是结果具有全面性和合理性，缺点是时间长、效率低，运用该思路的典型代表是经济合作组织。二是自上而下型。这是基于演绎推理的研究方法，先由研究团队根据前期的文献研究提出理论构想和内容框架，再经过广泛征求意见和建议，修改和完善体系框架。这种思路的优点是历时短、收效快，缺点是研究的全面性和针对性不足，运用该思路的典型代表是联合国教科文组织。三是整合型。它是自上而下与自下而上两种研究思路的结合，在理论研究的同时征求意见，最后将两种范式取得的研究结果整合，运用该思路的典型代表是美国、新加坡等。相比较而言，整合型的研究思路因为吸收了前两种思路的优点，又在一定程度上规避了前两种研究思路的不足，是一种更为科学有效的研究范式，成为当前国际社会各个国家和地区开展核心素质研究的理想范式。中国学生职业核心素质框架的研究采用的也是这种整合型的研究思路。

根据整合型的模型构建思路，模型构建的步骤大致分为初步拟定→实践验证→调整修正→模型确定四个阶段，具体如图 4.1 所示。在初步拟定阶段，运用文献研究法，深入分析现有研究资料，对比分析国内外研究成果，重点结合经济合作组织、欧盟和联合国教科文组织三大国际组织核心素质指标框架，将及美国、英国、法国、日本、新加坡、澳大利亚、新西兰等国家提出的核心素质要素作为"中国学生发展核心素质"的框架。立足高职学生个性特点、成长规律、职业生涯轨迹，通过针对行业、企业专家开展行为事件访谈得出初级指标要素，也就是职业核心素质特征词典，再通过灰度理论对构建的模型进行修正，采用德尔菲专家调查法，邀请职业教育专家对指标要素进行关键性评分，提出构成要素的初步设计。根据理论分析以及征求意见的结果，初步确定高职学生职业核心素质初级要素，然后通过学理分析，按照人与自我(与自主发展有关的素质)、人与职业(职业能力方面的素质)、人与社会(与社会参与有关的素质)三个维度对指标进行比较、转换、归类、整合，确定高职学生职业核心素质的初步模型，包括框架的维度和具体指标，也就是模型的一级指标和二级指标。

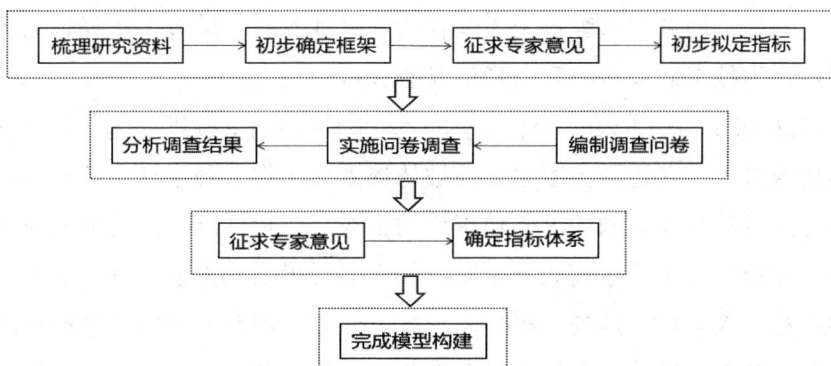

图 4.1 高职学校学生职业核心素质模型构建步骤

在实践验证阶段，根据初步拟定的指标体系使一级、二级指标具象化，分别对高职院校合作行业企业人士、高职院校教师、高职学校学生开展问卷调查，同时进行灰度理论、探索性因子和验证性因子的分析，进一步提炼高职学生职业发展核心素质的构成要素。

在调整修正阶段，根据分析得出的问卷结果，再次征询专家意见，最终确定高职学生职业核心素质的要素和结构，构建起高职学校学生职业核心素质模型。

下面对模型构建思路进行具体介绍。

1. 指标要素搜集，行为事件访谈

在高职学生职业核心素质的研究中，除了常用的文献研究法、问卷调查法，还有观察法、行为事件访谈法、关键成功因素法、专家团体焦点访谈法、工作日志法与工作分析法等方法。随着网络技术的发展，不断有学者通过新技术支持开发出新的建模方法，主要是为了获得高信度和高效度的数据。本研究在通过行为事件访谈与专家评分生成高职学生职业核心素质指标体系的基础上，采用灰度聚类模型初步拟出高职学生职业核心素质模型，再结合灰度理论与时变权重模型，构建基于时间变量的动态职业核心素质模型。

McClelland 提出的行为事件访谈是构建素质模型过程中最为常见的一种使用方法。高职学生职业核心素质模型的创建需要时刻关注人的全面发展、人与岗位的精准匹配以及人与社会的良性互动，所以，选择行为事件访谈法作为搜集职业核心素质指标具有关键性意义。

BEI(Behavioral Event Interview，行为事件访谈)主要以目标岗位的任职者为访谈对象，在访谈过程中询问被访谈者在工作过程中遇到的事件，通过对导致成功或失败的关键工作事件的记录，比较卓越绩效者和表现一般者的差异特征，来构建高职学生职业核心素质模型的方法。具体而言，首先需要被访谈者详尽地描述事件的内容、经过、涉及的范围，采取的解决措施及其效果、影响，被访者当时的想法或感想等，从而了解被访谈者的动机、个性特征等深层次的潜在个人特性；然后将访谈记录汇总，对其进行分析，获得需要的编码数据，编码后再根据各素质特征出现的频次进行分析，找出目标岗位要求的核心素质。不足之处是行为事件访谈法要求访谈者具有较高的专业素质，因为访谈者在访谈过程中需要通过有效的提问与追问才能取得与目标岗位核心素质构建相关的有效信息；其次，行为事件访谈结果分析中的频次计算容易受到被访谈者主观思维与语言模式的影响。因此，本研究简化了行为事件访谈结果分析过程，而将其与灰度聚类模型结合，以增强构建模型的科学有效性。

1) 确定访谈对象

访谈的对象拟定为与项目组所在高职院校有紧密合作的校企合作单位的员工。选取不同级别的优秀绩效人员 10 名和一般绩效人员 10 名。其主要目标是通过访谈，收集优秀绩效员工和一般绩效员工在具体的工作实践中对成功或不成功的事件的处理方式，以便了解这些不同的处理方式所需要具备的技能、知识与行为态度等，从而获得优秀绩效员工区别于一般绩效员工的关键能力。

2) 确定访谈内容纲要

访谈内容纲要包括被访谈者的基本信息，如年龄、学历等；被访谈者的日常工作职责信息，如岗位、工作内容、直线经理及直线下属信息以及其他相关工作流程信息等；被访谈者工作中遇到的导致成功或失败的关键事件、采取的措施以及具体的想法；等等。

3) 实施访谈

经过预约→确定时间地点→征得被访谈者同意录音→口头或书面签订保密协议后，对 20 名员工分别进行访谈。在访谈的过程中，首先建立起轻松友好的气氛，通过自我介绍及对访谈目的的解释，获得受访者的信任。在此基础上，按照访谈内容纲要进行访谈，并进行录音。

4) 访谈录音转录为文本

访谈结束后需将录音整理成文字，并反复校对。校对后给每个录音文本编号。

5) 分析文本

根据访谈文本中 10 位优秀绩效员工的关键事件经历和成就，以及自身对关键事件的思考和分析，并参考已有文献资料，对职业发展核心能力素质的关键词进行提取、归纳，研究过程示例见表 4.1。

表 4.1　高职学生职业核心素质关键事件分析

行 为 事 件	关键词提取
……我们的团队是一个老中青结合的集体，每个人都很特别，合作中虽然偶尔会有摩擦，但是整体运作还是比较协调，开发速度和效率都比较高……感觉刚进入公司领导就比较信任我。在熟悉产品的阶段，<u>我提出的问题和建议他都能比较认真地倾听，而且给我时间让我按照自己的想法作出修改</u>。后来我也喜欢把新想法跟他<u>说</u>，当我们带着创意去和老板谈的时候，他的信任让我充满信心……	沟通能力 表达能力

行 为 事 件	关键词提取
……在制订实施计划时,我通常会给自己<u>预留 1~2 周的缓冲期</u>。这样是为了能够更好地服务公司和客户。对公司来说,如果你制订了一个需要一个半月完成的计划,但只用了 1 个月的时间就完成了,公司会认为你这个 PM(Project Manager,产品经理)能力很好,但如果你推迟到 2 个月完成,公司就会认为你提高了公司的运营成本,浪费了时间。所以 PM 在制订项目实施计划时,应给自己预留一定的缓冲期。另外对客户来说,预留出来的 1~2 周,会让你有个处理特殊情况的时间,不至于让你在面临项目范围扩大或其他意外情况时,导致项目延期。	良好的工作方式
……工作环境很好,尤其是技术氛围,一切东西都以安全生产为主线,非常有成就感。印象很深的是,办公室书柜上都<u>摆着关于信息安全的经典书籍</u>,同事之间沟通愉快,遇到<u>不懂的问题,可以随时问带自己的人</u>,那段时间自己进步神速……	学习能力
(公司承担了 2008 年北京奥组委网络安全监控系统建设与服务项目)……公司之所以在这个项目中胜出,是因为<u>郑重作出了完全责任承诺,这点其他竞标厂商都没有</u>。奥运会是绝对不能出问题的地方,公司敢于承诺,敢于对结果负责,体现出了公司的实力,……拿下这个项目后的第一感觉是责任很重大,时间很紧张。这个项目是 2008 年 6 月对外招标的,7 月拿到中标通知书。而当时的情况是 7 月上旬就要封网,最后延迟到了 7 月 20 日,为我们留出了 2 周的时间,这 2 周基本把前期的工作如渗透测试、加固、IDS 产品部署等全部完成了。在那种<u>紧张的气氛下,大家的状态都很兴奋,好像憋着一股劲儿,很期待</u>……	职业谨慎、社会责任感、成就动机
……实施中的非安全性的突发事件很多,比如奥组委监控指挥中心的报警系统不太稳定,主要是奥组委网络承建方存在集成能力弱的问题,出现了很多误报错报,<u>但实际上这些不是安全问题,而是技术问题</u>,在明确了事件原因之后,我们协调配合各个部门,并<u>提出了可行的整改方案</u>,2 个星期后系统终于稳定了,直到赛前 1 周,公司还在帮助奥组委作网络整改……	逻辑思维、判断能力

行　为　事　件	关键词提取
……我目前主要将 iptables 用于内部，作 NAT 防火墙，它的性能确实强悍，经迅雷测试可发现，公司内部的 10MB 带宽被利用得一丝无余；武汉地区比较常用的软件路由器是海蜘蛛，这个其实也是 iptables 的二次开发；前二年替朋友网吧部署网吧的路由器，我强烈推荐的是让 iptables 作 NAT 路由转发，事实证明效果很好……	专业知识、创新能力
……首先我要做的就是和客户确定项目的工作范围和工作内容。对于一些中小型公司，工作范围和工作内容可能会出现变化。因为在项目过程中，随着客户对项目的不断理解和深入参与，对项目的要求就不一样。这种情况通常会改变工作范围和工作内容，增加负担。而中小型公司为了不得罪客户，持续合作，在增加的工作内容不影响项目总体进度或是工作量不是很大的情况下，都会答应客户的要求……即使出现这样的情况，我们还是要再次和客户确定项目的工作内容和范围，因为这涉及项目实施计划的整体部署，而且就算后期增加了工作量，也需要让客户知道，增加的部分是我们免费做的，这些其实是不在工作范围内的，有时候对待客户也需要该收就收，该紧就紧……	客户导向、沟通能力
……及时和客户进行沟通和交流，每周的汇报、定期的例会是非常必要的。这样做的目的是及时了解客户对项目的认识和期望，不至于使项目最终的结果出现严重偏差，这是非常重要的……	客户导向
……在开展项目的过程中，既要和客户汇报项目的整体情况，也要及时向公司汇报项目的最新进展，尤其是在出现突发状况的时候。比如在项目编程的过程中，增加了工作范围，我们不能直接拒绝客户，但又不能立即答应，因为答应了就等于增加了额外的工作量，在这种情况下，要及时向公司汇报情况，请项目的商务协调团队从商务层面解决这个问题……	客户导向、团队协作

通过提炼优秀员工的关键行为，可以提炼出优秀绩效员工的职业核心素质，通过对职业核心素质的关键词进行归纳、统计和分析，得出的职业核心素质共有 22 项。对职业核心素质出现的频率作出统计与排序，结果见

表 4.2。

表 4.2 职业核心要素出现频次与排序

序号	核心素质	频次	序号	核心素质	频次
1	客户导向	31	12	信息搜寻与整理	19
2	学习能力	30	13	自我评价	18
3	克服困难的能力	30	14	判断能力	18
4	团队协作	28	15	行业知识	18
5	适应能力	28	16	表达能力	18
6	逻辑思维	27	17	职业谨慎	17
7	身心健康	27	18	良好的工作方式	17
8	沟通能力	27	19	战略思维	15
9	专业知识	26	20	社会责任感	11
10	创新能力	24	21	经验丰富值	10
11	成就动机	23	22	写作能力	6

6) 基于文本进行职业核心要素特征编码

运用主题分析和内容分析方法识别主题和编码,对文本中的关键事件进行独立主题分析。分析主要概念和思想,提炼出基本主题,形成"职业核心素质特征词典",辨别各个事件中出现的职业核心素质特征,对其行为指标进行正式归类和编码。编码词典由职业核心素质特征名称、定义、强度等级、相应的行为指标描述以及能反映某个具体职业核心素质的例子等构成。

7) 数据处理

统计访谈文本里关键事件中被访谈者的行为和语言的编码结果。统计的基本指标主要为访谈时间、访谈文本的字数、各个职业核心素质特征在不同强度等级上出现的次数。在此基础上,统计各个职业核心素质特征发生的总频次、登记分数、平均分数和最高等级分数。

通过对访谈记录进行职业核心素质编码,提炼出职业核心素质因子,共有 22 个职业核心素质影响子因素。

2. 指标来源

高职学生职业核心素质要素的来源和依据主要有三个方面：一是经济合作组织、欧盟和联合国教科文组织等 3 个国际组织，以及美国、英国、法国、日本、新加坡、澳大利亚、新西兰 7 个国家提出的核心素质要素；二是中国学生发展核心素质研究中提出的 18 项核心素质要素；三是国内外学者在职业核心素质研究中提出的具有代表性的指标和要素。

3. 职业核心素质特征词典

职业核心素质特征词典如表 4.3 所示。

表 4.3　职业核心素质特征词典

编码	职业核心素质	相应的行为指标
1	行业知识	能够了解和跟踪把握本行业最新动态、最新知识和发展趋势
2	专业知识	了解行业基本知识并能够应用； 了解所在公司职位职责所需求的专业知识并能够娴熟应用； 能够及时更新专业知识，在解决客户使用产品过程中出现的技术问题等，在实际操作中不断优化产品
3	学习能力	遇到问题时，主动通过查阅资料，向他人请教讨论的方式搜集分析相关信息，最终解决问题； 对于新的知识、技术有较强的自学能力； 承担自己不熟悉的任务时，能够主动搜集资料，获得必备的知识技能，从而尽快适应工作要求； 在看专业书籍时，根据自己的需要有重点、有选择地学习，而不是一味通篇阅读
4	信息搜寻与整理	在工作中遇到问题或得到任务，从提出问题到进行广泛研究，再到形成方案从而具体实施，都需要主动进行信息搜寻与整理
5	判断能力	系统地分析所拥有的信息和资源，善于归纳总结和推理，并设法找出解决问题的有效方法和途径
6	写作技能	能够根据工作内容，按要求编写文字材料
7	逻辑思维	在复杂的工作当中能够理清头绪，有序开展工作； 能够系统地分析所拥有的信息和资源，清楚地判别时间、资源和任务的优先级，能够根据事情的轻重缓急调整工作； 善于归纳和推理，并设法找出解决问题的有效途径； 能体会到工作和生活中蕴含着丰富的数学原理并且能够加以利用； 善于编制具有复杂逻辑的程序

续表一

编码	职业核心素质	相应的行为指标
8	创新能力	能够接受新的知识、事物和观念； 能够对已有的做事方法或设计思路提出质疑和挑战，勇于提出新的方法或思路； 并不认为当下被同行普遍认可的理论或方法一定是最正确有效的； 敢于向权威理论挑战，提出自己与众不同的见解
9	经验丰富值	善于从以往工作中的错误和失败中吸取教训，避免再犯，或不断改进； 知识面广，了解跟工作有关的跨领域知识以及当前最新的知识和技术，并能够认识到它们在工作中的作用； 主动了解和跟踪本行业先进技术和发展趋势
10	克服困难的能力	当没有明确的解决方案时，会采取逐步尝试的办法，不断摸索，以找到解决问题的有效方法； 当任务难度较大时，不回避，不推托，勇于承担并努力完成；当某种方法或途径不可行时，积极灵活地寻求其他方法或途径；遇到困难时会感觉到压力，但是能够很快调整心情到最佳工作状态
11	社会责任感	保持职业怀疑态度，重视基本道德原则在具体职业环境中的实现途径和运用，并保持对社会责任的敏感
12	战略思维	有目的、有计划地完成工作任务； 能够站在公司、行业的高度考虑问题
13	职业谨慎	维护公司利益，并珍惜自身信誉
14	适应能力	适应工作环境的转变； 适应项目团队人员的调整； 适应日常工作的节奏或临时委派的任务
15	自我评价	能够在工作中找到与别人在技术、知识或能力方面的差距，能清楚地认识到自己的优势； 当接受一项任务时，能够根据自己的能力判断任务的难易程度

续表二

编码	职业核心素质	相应的行为指标
16	成就动机	成就欲望强烈，自我期望值高，设定目标并不断地努力改进自己； 对工作有一种参与的热情，不在乎时间的投入，时时想着如何排除困难与干扰，高效地完成工作； 总是在追求卓越，表现出强烈的进取心
17	良好的工作方式	每天都在下班前完成自己当日规划的任务，对于所作项目涉及自己工作的内容，有循序渐进的计划； 每工作一段时间就放松一下，选择适合自己的放松方式； 电脑里的文档和目录总是很清晰，很容易查找到自己想要的文件； 对时间进行有效管理，合理安排工作内容和次序； 注重细节，工作中很少发生因为疏忽细节而造成的延误
18	身心健康	保持健康的身心状态，以适应高强度的工作
19	沟通能力	当对工作有不同的观点或对他人的观点有异议时，勇于提出自己的观点； 编写的技术文件能清楚准确地表达自己的想法或设计思路，不会引起他人的疑惑； 善于运用通俗易懂的语言帮助他人理解抽象概念； 简明清晰地表达自己的意见和建议，观点明确，抓住重点； 专注有效地倾听别人的想法，理解别人的用意
20	表达能力	能在工作汇报、团队交流、客户沟通中清晰流畅地表达自己的想法
21	团队协作	关心自己的工作进度对他人或全局工作进度的影响，能及时或提前完成工作； 关注团队目标的完成，追求团队的成功甚于个人的表现； 积极、主动、坦诚地与团队成员沟通，并给予他人积极的反馈
22	客户导向	在产品研发过程中始终以客户需求为研发设计宗旨； 重视客户需求，努力为客户解决问题； 与客户保持良好的沟通

4. 基于灰色理论的数据分析

在完成职业核心素质特征编码词典的基础上，基于灰度理论构建模型并对其进行修正。具体工作是：首先，通过灰色关联聚类构建模型；其次，引入灰色系统 GM(1，h)模型和数据挖掘，提出改进的动态权重职业核心素质模型，并对模型进行评估和预测。

1) 灰度理论

灰度理论以"部分信息已知、部分信息未知"的"小样本""贫信息"不确定性系统为研究对象。

(1) 用灰色数学来处理不确定量，使之量化。在数学界，确定性的微分方程被最早开展研究，即在拉普拉斯决定论框架内的数学。他认为一旦有了描写事物的微分方程及初值，就能确定事物任何时候的运动。随后又发展了概率论与数理统计，用随机变量和随机过程来研究事物的状态和运动。模糊数学则研究没有清晰界限的事物，它通过隶属函数使模糊概念量化，因此能用模糊数学来描述如语言、不精确推理以及若干人文科学。灰色系统理论则认为不确定量是灰数，用灰色数学来处理不确定量，同样能对不确定量进行量化。

(2) 充分利用已知信息寻求系统的运动规律。研究灰色系统的关键是如何使灰色系统白化、模型化、优化。灰色系统视不确定量为灰色量。本章提出了灰色系统建模的具体数学方法，它能利用时间序列来确定微分方程的参数。灰色系统预测模型是把观测到的数据序列视为一个随机过程，而是看作随时间变化的灰色量或灰色过程，通过累加生成和累减生成逐步使灰色量白化，从而建立相应于微分方程解的模型并作出预报。这样，对某些大系统和长期预测问题，它就可以发挥作用。

(3) 灰色系统理论能处理贫信息系统。灰色系统预测模型只要求较短的观测资料即可，这和时间序列分析、多元分析等概率统计模型要求较长观测资料不一样。因此，对某些只有少量观测数据的项目来说，灰色预测是一种有用的工具。

大多数人文社科学科的对象，都属于这种"外延明确，内涵不明确"

的情况，如职业核心素质模型中的各个指标。此外，灰度理论是以灰色序列生成为基础的方法体系和以灰色关联空间为依托的分析体系，这构成了以灰色模型(GM)为核心的模型体系，这给职业核心素质模型结合灰度理论提供了契机。在建立和修正职业核心素质模型上，本节基于灰度理论：① 可以通过灰色关联聚类对模型进行构建；② 引入灰色系统 GM(1，h)模型和数据挖掘，提出改进的动态权重职业核心素质模型，并据此进行评估和预测。

灰色系统理论(即灰度理论)的优点如表 4.3 所示。

表 4.3　灰色系统理论优点

方　　法	灰色系统	概率统计	模糊数学
研究对象	贫信息不确定	随机不确定	认知不确定
基础集合	灰色朦胧集	康托集	模糊集
方法依据	信息覆盖	映射	映射
途径手段	灰序列算子	频率统计	截集
数据要求	任意分布	典型分布	隶属度可知
侧重点	外延	内涵	外延
目标	现实规律	统计规律	认知表达
特色	小样本	大样本	凭经验

2) 灰色聚类评估模型

灰色聚类是指根据灰色关联矩阵或灰数的白化权函数将所考察的指标或观测对象划分成若干个可定义类别的一种分类方法。一个聚类可以看作同一类观测对象的集合。在实际问题中，往往每个观测对象具有许多个特征指标，难以对其进行准确的分类。灰色关联聚类主要用于同类因素的归并，简化复杂系统。

按聚类对象划分，灰色聚类可以分成灰色关联聚类和基于白化权函数的灰色聚类。通过灰色关联聚类，可以检查许多因素中是否有若干个因素大体上属于同一类，使我们能使用这些因素的综合平均指标或者其中某一个因素来代表这若干个因素，而使关键信息不受严重损失。这属于系统变量的删减问题。在进行大面积调研之前，通过典型抽样的数据的灰色关联聚类，可以减少不必要的数据收集，以节省费用。因此，完成职业核心素质词典的关键词收集后，可以通过构造灰色相关矩阵完成灰色关联聚类。

设有 n 个观测对象，每个对象有 m 个特征数据，得到

$$X_1 = (x_1(1), \ x_1(2), \ \cdots, \ x_1(m))$$
$$X_2 = (x_2(1), \ x_2(2), \ \cdots, \ x_2(m))$$
$$\vdots$$
$$X_n = (x_n(1), \ x_n(2), \ \cdots, \ x_n(m))$$

对于每个系统行为序列 $X_i = (x_i(1), \ x_i(2), \ \cdots, \ x_i(m))$，记折线：

将 $X_i = (x_i(1) - x_i(1), \ x_i(2) - x_i(1), \ \cdots, \ x_i(m) - x_i(1))$ 记为

$$X_i - x_i(1)$$

令

$$s_i = \int_1^n (X_i - x_i(1)) \mathrm{d}t$$

对于具有相同序列长度的 X_i、X_k，其绝对关联度为

$$\varepsilon_{ik} = \frac{1 + |s_k| + |s_i|}{1 + |s_k| + |s_i| + |s_i - s_k|}$$

上式必然满足 $\varepsilon_{ik} > 0$，又由 $|s_i - s_k| \geqslant 0$ 可知 $\varepsilon_{ik} \leqslant 1$。同时由 $|s_i - s_k| = |s_k - s_i|$ 可知 $\varepsilon_{ik} = \varepsilon_{ki}$。

X_i 与 X_k 的集合相似程度越大，ε_{ik} 自然也越大。由此可以得到一个上三角矩阵 A 为

$$A = \begin{bmatrix} \varepsilon_{11} & \varepsilon_{12} & \cdots & \varepsilon_{1m} \\ & \varepsilon_{22} & \cdots & \varepsilon_{2m} \\ & & \ddots & \vdots \\ & & & \varepsilon_{mm} \end{bmatrix} = \begin{bmatrix} 1 & \varepsilon_{12} & \cdots & \varepsilon_{1m} \\ & 1 & \cdots & \varepsilon_{2m} \\ & & \ddots & \vdots \\ & & & 1 \end{bmatrix}$$

称矩阵 A 为特征变量关联矩阵。

取定临界值 $r \in [0, 1]$，一般要求 $r > 0.5$，当 $\varepsilon_{ik} > r$ 时，则认为 X_i、X_k 满足同类特征，可以归为一类。在实际情况中，可以根据需要确定 r 的取值，临界值越接近 1，分类就越细，每一组分类的变量就相对少；反之，

临界值越接近 0，分类就越粗，每一组分类的变量就相对多。

本研究邀请了 3 家公司中的 6 名技术专家和 2 名人力资源专家对职业核心素质词典中的各项特征进行关键性评分。关键性取值为 1～10 分，1 为不重要，10 为非常关键，关键性由 1 至 10 逐渐增加。评分表如表 4.4 所示。

表 4.4　职业核心素质指标专家评分表

序号	专家类型 特征	技 术 专 家						人力资源专家	
		A	B	C	D	E	F	A	B
1	行业知识	7	5	8	7	9	7	7	8
2	专业知识	9	5	9	8	8	9	9	9
3	学习能力	9	8	8	9	9	9	9	9
4	信息搜寻与整理	7	10	7	7	8	6	7	7
5	写作技能	6	7	5	6	7	6	7	7
6	逻辑思维	9	10	6	8	8	9	9	8
7	创新能力	7	10	7	7	8	8	9	8
8	经验丰富值	7	5	8	6	8	7	7	7
9	克服困难的能力	8	10	9	8	9	9	9	8
10	社会责任感	6	8	8	7	7	6	7	7
11	战略思维	6	7	8	6	8	7	6	7
12	职业谨慎	6	8	8	6	8	7	6	7
13	适应能力	9	10	8	8	8	9	9	7
14	成就动机	8	10	7	8	8	7	7	8
15	自我评价	8	6	6	7	9	8	8	6
16	良好的工作方式	7	7	8	8	8	8	6	6
17	身心健康	9	10	9	8	7	8	9	6
18	沟通能力	8	10	9	8	7	9	9	7
19	表达能力	8	10	9	8	7	8	9	7
20	团队协作	9	8	9	9	7	9	9	8
21	客户导向	9	9	9	9	8	9	9	9

职业核心素质指标归类见表 4.5。

表 4.5　职业核心素质指标归类

知识与技能	1 行业知识，4 信息搜寻与整理，5 写作技能，2 专业知识，6 逻辑思维
个人特质	13 适应能力，15 自我评价，17 身心健康，3 学习能力，8 经验丰幅值，14 成就动机
工作方式	7 创新能力，9 克服困难的能力，10 社会责任感，11 战略思维，12 职业谨慎，20 团队协作，16 良好的工作方式
人际关系能力	18 沟通能力，19 表达能力
客户导向	21 客户导向

3) 基于 GM 模型的动态权重建立

建立了职业核心素质模型后，需要继续讨论权重的建立。基于对权重的研究，理论工具的选用是至关重要的。21 世纪以来，新技术对经济、社会、教育等的发展不断造成冲击，对职业核心素质的研究也在不断发生深刻变化，职业核心素质的指标特征呈现时序性特征。

传统的固定参数模型在考察期较短或者职业核心素质结构特征比较稳定时，能起到一定的分析作用。但是当考察期较长，尤其是 10 年以上时，这种传统的固定参数模型只能被当作一种平均意义上的回归分析，难以准确刻画职业核心素质模型的运动轨迹。

常用的系数模型或者简单动态模型大多存在以下一些问题：

第一，一般构建职业核心素质模型权重的推导方式都假定模型是静态或稳定的，但事实上模型是动态的，模型的演进机制不是人为事先预定的，而是由数据本身的特点决定并从样本数据中估算出来的；

第二，由于对模型的变量之间的关系进行了静态预设，所以系数模型表现出变量的动态权重情况；

第三，因为没有灵活动态演进机制和动态权重，所以无法加强对职业核心素质的全局预测。

动态权重这个概念在经济学里面是研究热点，国外学者使用时变系数模型构建动态金融状况指数的研究还处于起步阶段，能够查阅到的文献很少。现阶段学者们的研究还主要停留在时变系数模型的构建和拓展上，如 Primiceri(2005)和 Nakajima(2011)等构建和分析了 TVP-SV-VAR 模型，Koop(2009)将 TVP-SV-VAR 拓展成 MI-TVP-SV-VAR 模型，并进行了实证分析。也有少量学者使用简单动态模型进行了动态 FCI 的实证分析，如 Aramonte(2013)等。Korobilis 和 Koop(2014)使用因子动态向量自回归模型(TVP-FA-VAR)构建了多个美国的动态 FCI，并发现 FCI 对多个宏观经济变量有较好的预测能力。

经济学中建立的模型指标通常是确定的，如房价、GDP 等，且有着大量的时变数据。而在构建职业核心素质模型的过程中，通常采用专家评分或问卷调查的方法收集信息，并对收集到的信息进行一次性实验分析得到相关模型。此外，职业核心素质模型中的职业核心素质模型指标之间具有一定的模糊性，这导致时变权重模型并不能直接用于职业核心素质模型的构建。但是通过灰度理论，可以明确职业核心素质模型指标之间的独立关系。

假设每一个职业核心素质(特征)模型中，一项职业核心素质特征的权重值能够代表模型建立时(或建立之前)此项能力的重要程度，根据现有可检索到的职业核心素质特征模型的文献资料，对部分职业核心素质特征权重的时间序列进行归纳，结果如表 4.6 和表 4.7 所示。

表 4.6　国内外职业核心素质模块权重变化时间表

职业核心素质模块	年　　份	
	2008 年	2013 年
知识和技能权重	49.6%	61.5%
个人特质权重	33.9%	21%
人际关系权重	16.6%	17.5%

表 4.7　国内外职业核心素质特征权重变化时间表

职业核心素质特征	年　份	
	2008 年	2013 年
专业知识权重	15.6%	20.91%
逻辑思维权重	16.5%	11.07%
团队协作权重	16.6%	6.83%

4.3　高职学生职业核心素质指标体系

4.3.1　个人特质

1. 身心健康

高职学生应同时具备身体健康和心理健康。身体健康是指有强健的体魄，定期参加适宜的体育锻炼，能够为保持健康作出努力；心理健康是指情绪稳定，不会有大喜大悲，乐观大度，积极向上，内心有满足感，精神愉悦，与人相处融洽，生活充实有活力，有正确的人生观、价值观、世界观，可以适应高强度的工作。

2. 成就动机

成就动机是指个体追求自认为有价值的工作，并使之达到完美状态的动机，即一种以高标准要求自己并力求取得成功的动机。比如：具有这种动机因素的学生，会刻苦努力，战胜学习中的种种困难和障碍，取得优异的成绩。高职学生的成就动机应体现为强烈的进取心和目的性，对工作热情投入并能高效率地完成，成就欲望强烈，自我期望值高，设定目标并不断努力提高自己；对工作有热情，不在乎时间的投入，时时想着如何排除困难与干扰；总是在追求卓越，表现出强烈的进取心。

3. 自我评价

进行自我评价(Self-evaluation)是自我意识的一种表现形式。它是主体对自己思想、愿望、行为和个性特点的判断和评价。高职学生的自我评价要求他们能够清楚地认识到自己的优势和劣势，找到在工作中与别人在技术、知识或能力等方面存在的差距，对团队其他人员的技术能力和知识水平有客观的认识和评价。

4. 学习能力

高职学生的学习能力体现为对工作需要的新知识、新技术的自学能力。在阅读书籍时，能够根据自己的需要有重点、有选择地学习，而不是一味通读；在遇到问题时，通过主动查阅资料、向他人请教等方式分析相关信息，最终解决问题；在承担自己不熟悉的任务时，能够主动搜集资料，获得必备的知识技能，从而尽快地完成工作。

5. 适应能力

高职学生的适应能力首先应表现为对高职教育、学习生活、个体发展、职场环境和压力等的适应能力。当处于危急或者紧急情况时，能迅速分析问题，想出多种解决问题的方法；当情况发生变化时，能迅速转变工作思路，调整工作计划，积极应对；能够适应党和国家、社会和企业对高职学生提出的时代要求，同时作出积极回应。

6. 克服困难的能力

困难会随时出现在高职学生学习、生活、工作中。当困难出现时，不能畏惧困难，要勇敢地面对困难，需要具备很好的抗压能力和积极乐观的态度，遇事不慌张，冷静思考，坦然面对，能够灵活地寻求解决问题的有效方法和途径。

根据教育心理学的相关理论，人的个人特质的形成受到先天和后天两个层面的影响。先天特质即为人的天赋，在人的特质形成过程中影响较小，而影响较多的则是人在成长过程受到的后天培养。"信息安全与管理专业群"人才培养方案中，十分注重对学生个人特质的培养，形成了专业培养板块并将方案落实落地。方案中明确要求，学生需具备"健康的体魄、心理和健全的人格，掌握基本运动知识和至少1项运动技能，养成良好的健身习惯、卫生习惯、行为习惯""具有独立终身学习的意识和再学习的能力""尊崇宪法、遵纪守法、崇德向善、诚实守信、尊重生命、热爱劳动，履行道德准则和行为规范，具有社会责任感和社会参与意识""具有质量意识、环保意识、安全意识、信息素质、工匠精神、创新思维""具有高度的责任感，有严谨、认真、细致和吃苦耐劳的工作作风""具有遵守行业规程、保守国家秘密和商业秘密的素质"等。统筹德、智、体、美、劳五个层面，培养学生具有良好的人文素质、职业道德和创新意识，具有精益求精的工匠精神，具有较强的就业能力和可持续发展的能力，从而为学生形成良好的个人特质奠定坚实基础。

4.3.2 知识与技能

1. 知识储备

知识储备要求高职学生不仅要具备岗位要求的专业知识和技能，同时也要掌握相关行业知识。对于自己所需要的新知识、新技术，要有很强的学习能力，遇到问题能够主动查阅资料，或向他人请教来搜集并分析相关信息，最终解决问题。主动了解和跟踪本行业的最新知识、技术和发展趋势，善于从以往的错误和失败中吸取教训，避免重犯，并不断改进工作方式。

2. 逻辑思维

高职学生要有对事物进行观察、比较、分析、综合、抽象、概括、判断与推理的能力；能够采用科学的逻辑方法，提出问题，明确问题，提出假设，检验假设；遵循逻辑规则，运用正确逻辑推理方法来证明命题的正确性，准确而有条理地表达自己的思维过程。在复杂的工作当中能够理清头绪，有序开展工作；能够系统地分析所拥有的信息和资源，清楚地判别时间、资源和任务的优先级，能够根据事情的轻重缓急来调整工作；善于归纳和推理，并设法找出解决问题的有效方法；能体会到工作和生活中蕴含着丰富的数学原理并且能够加以利用。

3. 创新能力

创新能力是指对各种技术和实践活动不断提供具有经济价值、社会价值、生态价值的新思想、新理论、新方法和新发明的能力。高职学生要能够在时代的浪潮中，接受新知识、新事物，利用开放的思维和先进的科学技术手段，不断满足党和国家、社会和行业提出的新要求。此外，不仅要具备创新意识，同时还要具备创新能力、创新技能。

4. 工作方式

高职学生要在职业环境中找到合适、高效、有益身心健康的工作方式。具体可表现为有较强的时间观念，能够合理安排工作内容和次序，有计划，注重细节，很少发生因疏忽细节造成的延误，能够完成自己每日规划的任务。

知识与技能是高职学生职业发展核心素质中的"核心"。高职学生是否具有宽广的知识储备和精湛的业务技能，既是满足社会主义市场经济新阶段变化的客观需要，也是全面建设社会主义现代化强国的现实要求。高职学生若要实现职业发展，同时需要制订完善、专业的辅助计划。"信息安全与管理专业群"人才培养方案中，同样将学生的知识与技能作为方案的核心内容，围绕现阶段行业的发展大势和实际需求，明确要求学生具备"良好的工程实践应用能力和创业能力""跟踪和检索最新工程领域相关技术信息的能力""对新知识、新技能的学习能力和创新创业能力""数据库的安装与配置能力""数据库的创建、修改、删除、设置、备份、恢复的能力""认知网络体系结构的基本能力""配置和测试网络协议，划分子网的能力""网线制作的基本能力""组建局域网和实现网络资源共享的能力""专业软件应用能力""调试程序的能力""一定的创新能力，能对行业内创新热点进行简单分析和理解的能力"等，为学生就业保驾护航，同时也致力于为用人企业培养一批技术技能过硬的人才。

4.3.3　人际关系能力

1. 沟通能力

沟通能力是指善于运用通俗易懂的语言帮助他人理解抽象概念；能够简明清晰地表达自己的意见和建议，观点明确，抓住重点；能够专注有效地倾听别人的想法，理解别人的用意。

2. 表达能力

表达能力是指对工作有不同的观点或对他人的观点有异议时，能够勇于提出自己的观点；编写的文件能清楚准确地表达自己的想法或设计思路，不会引起他人的疑惑。

4.3.4　客户导向

客户导向指的是始终以满足客户需求为研发设计宗旨，重视客户需求，分析客户的消费能力，提升客户价值，努力为客户解决问题，并与客户保持良好的沟通。

人际关系指人们在交往过程中结成的心理关系。交往双方在个性、态度、情感等方面的融洽或不融洽、相互吸引或相互排斥，必然会导致双方人际关系的亲密或疏远。人际关系是社会关系的一个侧面，其外延很广，包括朋友关系、夫妻关系、亲子关系、同学关系、师生关系等。它受生产关系的影响和政治关系的制约，是社会关系中较低级的关系；同时，它又渗透到社会关系的各个方面之中，是社会关系的"横断面"，因此又反过来影响社会关系。它对群体内聚力的大小、心理环境的好坏有直接的影响作用。从某种层面上来讲，学生处理人际关系问题的强弱决定了学生职业发展道路的通畅程度。因此，"信息安全与管理专业群"人才培养方案(以下简称"方案")中，同样将培养学生人际关系能力作为一项重要的培养指标，明确指出学生需具备"勇于奋斗，乐观向上，具有自我管理能力、职业生涯规划的意识，有较强的集体意识和团队合作精神"，提升学生在沟通表达、团队协作、客户导向等方面的能力，使学生在职场中拥有良好的人际关系。

4.4　职业核心素质模型的构建

4.4.1　问卷的设计

1. 问卷设计的理论基础

在进行问卷设计之前，首先查阅大量职业核心素质研究方面的文献，收集国内外相关研究中出现过的题项，并进行逻辑分析与整理。在此基础上，参考本章所制的职业核心素质特征辞典和行为事件访谈的成果，分析得出高职学生职业核心素质的典型特征。

2. 问卷设计的实践基础

为收集问卷项目，本节在文献研究的基础上对部分职业教育专家、合作企业 HR、学校教授等进行了访谈，并在此基础上组织专家小组讨论，对高职学生职业核心素质进行总结，并从中摘取了部分职业核心素质行为表现条目，作为初始问卷题项的来源之一。

3. 初始问卷的形成

对收集到的所有条目进行分析、归类、汇总、整理，得到 3 个大类、13 个职业核心素质指标、65 个题项构成的高职学生职业核心素质初始调查问卷。问卷采用李克特五级量表，很差/差/一般/好/很好，其中 1 表示"很差"，5 表示"很好"，其掌握程度从 1 至 5 依次递增，为了确保充分沟通，令调查对象对各个职业核心素质要素有相对一致的认识，我们在设计调查问卷时，对这些"职业核心素质"指标的释义或常见行为、态度作了简要说明。

4. 样本选择

本次实验将某高职学院信息安全与管理专业群作为调查对象。该高职院校在当地乃至全国都具有较为典型的示范引领作用，它是"中国特色高水平高职学校建设单位""国家示范性高等职业院校""国家优质专科高等职业院校"；教育部"首批教学工作诊断与改进工作试点单位""首批现代学徒制试点单位""全国重点建设职业教育师资培养培训基地""首批职业院校校长培训培育基地"是人社部、财政部认可的"国家级高技能人才培训基地"，国管局、发改委、财政部认可的"国家级节约型公共机构示范单位""国家级能效领跑者单位"。同时，信息安全与管理专业群作为该高职院校重点打造和发展的专业方向，也属于目前国家重点培育的新兴技术产业。选择该高职院校信息安全与管理专业群作为试点，也是具有较为可观的现实价值和应用价值的。为实现课题研究的可持续深入推进，课题组选择该高职院校信息安全与管理专业群大一至大三所有学生作为试验对象。这样做的目的是为后续动态管理、精准培养提供可参考的数据，同时也能够为学生的职业生涯规划作出初步定位。

4.4.2　问卷的发放与回收

调查过程采取随机抽样的办法。通过问卷星编撰调查问卷，向该高职院校信息安全与管理专业群中所有学生随机发放问卷，覆盖所有年级、所有专业学生。本次调查共回收问卷 3205 份。通过对回收问卷的初步筛查，其中 30 份存在姓名重复，对这 30 份问卷内容进行详细对比分析，包括班级、答题时间、性别、辅导员确认，发现 14 人重复答题，为保证数据的有效性，同时尽可能满足对所有学生的动态跟踪管理，仅留下这 14 人的首次答题选项。另外，经过详细对比分析，有 176 份问卷存在所有答案都是同一选项的情况，为保证数据的有效性，对这 176 份问卷进行剔除，最终剩下 3015 份有效问卷。

4.4.3　调查数据的统计与分析

1. 样本的描述性统计

课题组借助 SPSS23、Microsoft Excel 软件，对调查问卷进行筛选和统计分析，3015 份有效问卷的描述性统计数据如下。

针对高职院校信息安全与管理专业群的问卷调查，共得到 3015 份有效答卷，其中大一年级 1296 份，大二年级 1224 份，大三年级 495 份，符合现实情况，即大一大二同学在校学习生活，在校时间相对宽裕，大三学生由于在外实习，面临求职压力，可能对调查问卷的参与度不高。从男女生参与比例来看，1953 名男生与 1062 名女生参与问卷调查，比较明显地体现了信息安全与管理专业群作为理工类专业的生源特点。然后从信息安全与管理专业群各专业参与情况来看，各专业参与人数也是符合实际的各专业人数占比的。详细情况如表 4.8～表 4.10 所示。

表4.8 各年级参与人数统计

年级	人数	人数百分比/%	有效问卷百分比/%	累计百分比/%
大一	1296	43.0	43.0	43.0
大二	1224	40.6	40.6	83.6
大三	495	16.4	16.4	100.0
总计	3015	—	—	—

表4.9 男女生参与人数统计

性别	人数	人数百分比/%	有效问卷百分比/%	累计百分比/%
男	1953	64.8	64.8	64.8
女	1062	35.2	35.2	100.0
总计	3015	—	—	—

表4.10 各专业参与人数统计

专业	人数	人数百分比%	有效问卷百分比%	累计百分比%
计算机类	783	26.0	26.0	26.0
计算机网络技术	333	11.0	11.0	37.0
移动互联网应用技术	270	9.0	9.0	46.0
云计算技术与应用	324	10.7	10.7	56.7
大数据技术与应用	171	5.7	5.7	62.4
信息安全与管理	378	12.5	12.5	74.9
智能产品开发	153	5.1	5.1	80.0
人工智能技术服务	54	1.8	1.8	81.8
软件技术	423	14.0	14.0	95.8
移动应用开发	63	2.1	2.1	97.9
软件信息与服务	63	2.1	2.1	100.0
总计	3015	—	—	—

对问卷65个题项结果进行统计，最小值、最大值、平均值如表4.11所示。

表 4.11 各题项得分统计

职业核心素质条目	个案数	最小值	最大值	平均值
职业核心素质 1：身心健康——身体素质好，很少生病	3015	1	5	4.16
每周都会抽时间进行体育锻炼	3015	1	5	3.56
遇到事情不容易紧张、焦虑	3015	1	5	3.65
对任何事情都具有较高的积极性	3015	1	5	3.60
身心健康能够适应高强度的工作	3015	1	5	3.76
职业核心素质 2：知识储备——能够了解和跟踪把握本行业和专业的最新动态、最新知识和发展趋势	3015	1	5	3.52
了解计算机硬件与软件、互联网等基本知识并能够应用	3015	1	5	3.43
了解中意职位职责所需求的专业知识并能够娴熟应用	3015	1	5	3.39
善于从以往的错误和失败中吸取教训，避免重犯，或不断改进	3015	1	5	3.73
知识面广，了解跟工作有关的跨领域知识	3015	1	5	3.49
职业核心素质 3：学习能力——遇到问题时，主动通过资料的查阅和向他人请教讨论的方式搜集分析相关信息，最终解决问题	3015	1	5	3.75
对于新的知识技术有很强的自学能力	3015	1	5	3.64
承担自己不熟悉的任务时，能够主动搜集资料，获得必备的知识技能，从而尽快地适应工作要求	3015	1	5	3.70
在看专业书籍时，根据自己的需要有重点、有选择地学习，而不是一味通读	3015	1	5	3.70
努力取得与专业相关的资格证书	3015	1	5	3.64
职业核心素质 4：逻辑思维——在复杂的学习、工作当中往往能够理清头绪，开展工作	3015	1	5	3.73

职业素质条目	个案数	最小值	最大值	平均值
清楚地判别时间、资源和任务的优先级，根据事情的轻重缓急调整工作优先顺序	3015	1	5	3.76
系统地分析所拥有的信息和资源，善于归纳和推理，并设法找出解决问题的有效途径	3015	1	5	3.70
能体会到生活中蕴含着丰富的数学原理并且能够加以利用	3015	1	5	3.60
善于编制具有复杂逻辑的程序	3015	1	5	3.48
职业核心素质5：创新能力——能够接受新的知识、事物和观念	3015	1	5	3.81
对低效的做事方法或设计思路提出质疑，勇于提出新的方法或思路，希望有所突破	3015	1	5	3.65
并不认为当下被同行普遍认可的理论或方法一定是最正确有效的，敢于向权威理论挑战，提出自己与众不同的见解	3015	1	5	3.56
对于自己提出的新想法，能够付诸实践	3015	1	5	3.59
不故步自封，追求不断提升自己，寻求突破	3015	1	5	3.71
职业核心素质6：克服困难的能力——当没有明确的解决方案时，会采取逐步尝试的办法，不断摸索，以找到解决问题的有效方法	3015	1	5	3.72
当任务难度较大时，不回避，不推托，勇于承担并努力完成	3015	1	5	3.67
当某种方法或途径不可行时，灵活积极地寻求其他方法或途径	3015	1	5	3.74
遇到困难时会感觉到压力，但是能够很快调整心情到最佳状态	3015	1	5	3.66
学习、工作的快乐一部分来源于克服困难后的成就感	3015	1	5	3.74

续表二

职业素质条目	个案数	最小值	最大值	平均值
职业核心素质 7：适应能力——适应学习、工作环境的转变	3015	2	5	3.83
适应身边人员的变动	3015	1	5	3.76
适应日常学习工作的节奏	3015	2	5	3.79
在嘈杂混乱的环境里，仍能集中精力学习	3015	1	5	3.58
适应临时委派的学习工作任务	3015	1	5	3.70
职业核心素质 8：自我评价——能够找到与别人在技术、知识或能力方面的差距	3015	2	5	3.76
对他人的技术能力和知识水平有客观的认识和评价	3015	2	5	3.77
能清楚地认识到自己的优势	3015	2	5	3.67
当接受一项任务时，能够根据自己的能力判断任务的艰巨程度	3015	2	5	3.71
对于自己的身心健康水平有一个较为清楚的认识	3015	2	5	3.82
职业核心素质 9：成就动机——成就欲望强烈，自我期望值高，设定目标并不断努力地提高自己	3015	2	5	3.67
对学习、工作、生活有一种参与的热情，不在乎时间的投入，时时想着如何排除困难与干扰，高效地完成工作	3015	2	5	3.64
总是在追求卓越，表现出强烈的进取心	3015	1	5	3.61
不安于现状，追求个人技术或专业修养方面的进步	3015	2	5	3.68
在学习、工作中积极表现自己，寻求他人的认可	3015	1	5	3.65
职业核心素质 10：工作方式——对学习、工作、生活保持热情，生活态度积极主动	3015	1	5	3.74

续表三

职业素质条目	个案数	最小值	最大值	平均值
对于自己的学习、工作、生活有循序渐进的计划和安排	3015	2	5	3.67
每学习、工作一段时间就放松一下，选择适合自己的放松方式	3015	2	5	3.83
电脑里的文档和目录总是很清晰，很容易查找到自己想要的文件	3015	2	5	3.73
注重细节，很少发生因为疏忽细节造成的延误	3015	2	5	3.68
职业核心素质 11：沟通与表达能力——有不同的观点或对他人的观点有异议时，勇于提出自己的观点	3015	2	5	3.76
编写的文件材料能清楚准确地表达自己的想法或思路，不会引起他人的疑惑	3015	2	5	3.66
善于运用通俗易懂的语言帮助他人理解抽象概念	3015	1	5	3.67
简明清晰地表达自己的意见和建议，观点明确，抓住重点	3015	1	5	3.69
专注有效地倾听别人的想法，理解别人的用意	3015	1	5	3.80
职业核心素质 12：团队协作——关心自己的工作进度对他人或全局工作进度的影响，能及时或提前完成任务	3015	1	5	3.81
关注团队目标的完成，追求团队的成功甚于个人的表现	3015	1	5	3.73
积极主动地与团队成员坦诚沟通，并给予他人积极的反馈	3015	1	5	3.74
能够真心实意地帮助团队成员共同进步	3015	1	5	3.82
对于团队成员的成功，能够发自内心地表示祝贺	3015	1	5	3.90
职业核心素质 13：价值导向——在参与项目、活动过程中始终从目标对象需求出发设计方案	3015	2	5	3.80

职业素质条目	个案数	最小值	最大值	平均值
注重职业素质与职业技能的同步提升	3015	2	5	3.79
保持职业怀疑态度，重视基本道德原则在具体职业环境中的实现途径和运用，并保持对社会责任的敏感	3015	2	5	3.79
维护集体利益，珍惜自身信誉	3015	2	5	3.91
能够站在行业的高度考虑问题	3015	1	5	3.75
总分	3015	102	324	240.78
有效个案数(成列)	3015	—	—	—

13 类职业素质指标得分统计(见表 4.12～表 4.14)。可以看出，从总体上来看，每一项指标的差值并不明显，平均分区间都在 3.51～3.81 之间，落差只有 0.3 个点。从平均分来看，分值都在中间分 3 分以上，说明被调查学生对于自我的职业核心素质的评价都较高，这在一定程度上反映当前学生的综合情况，也能够间接地说明该高职院校学生培养质量较高。平均分中最高值是"价值导向"，为 3.81 分，可以说明通过社会、学校、家庭的共同参与，学生在大是大非面前具有正确的价值取向，树立了较为正确的世界观、人生观和价值观，能够保持基本的职业道德操守，拥护集体利益，有较为科学的职业理想。其次是"团队协作"，平均分为 3.80，对于90、00 后的学生一代，大部分学生都是独生子女，在团队协作方面，大家对于自我的评价较高，这样的结果与大众对于 90、00 后一代的普遍认知还是有所出入的。在大众眼里，90、00 后的一代更加标榜个性与自我，更享受独立的空间，更容易去适应孤独。但是通过本次调查的结果，90、00 后的一代在标榜独立、个性的同时，也同样具有团队意识，可以说具有更多的包容性。在低值方面，"知识储备"的平均分最低，只有 3.51，比"逻辑思维"低 0.14 分，差值非常明显，说明对大多数学生来说，他们对于自我的知识储备并不是很满意。这样的结果也比较符合高职院校的生源特点。高职院校的学生本身就是经过高考筛选分类下来的基础较差的学生，无论是在专业知识还是拓展知识方面，与普通高校的学生还是有一定差距的。

表 4.12　13 类职业素质指标得分情况统计

分数	项目												
	身心健康	知识储备	学习能力	逻辑思维	创新能力	克服困难的能力	适应能力	自我评价	成就动机	工作方式	沟通与表达能力	团队协作	价值导向
平均分	3.74	3.51	3.69	3.65	3.66	3.71	3.73	3.75	3.65	3.73	3.72	3.80	3.81
最大值	5	5	5	5	5	5	5	5	5	5	5	5	5
最小值	1	1	1	1	1	1	1	2	1	1	1	1	1

表 4.13　各年级 13 类职业素质指标平均分统计

年级	项目												
	身心健康	知识储备	学习能力	逻辑思维	创新能力	克服困难的能力	适应能力	自我评价	成就动机	工作方式	沟通与表达能力	团队协作	价值导向
大一	3.54	3.31	3.47	3.42	3.44	3.50	3.57	3.55	3.41	3.53	3.51	3.62	3.60
大二	3.74	3.55	3.75	3.71	3.71	3.73	3.74	3.75	3.71	3.76	3.75	3.80	3.83
大三	4.28	3.96	4.10	4.12	4.13	4.20	4.17	4.25	4.12	4.19	4.17	4.28	4.31

表 4.14　13 类职业素质指标得分计数统计

分数	项目												
	身心健康	知识储备	学习能力	逻辑思维	创新能力	克服困难的能力	适应能力	自我评价	成就动机	工作方式	沟通与表达能力	团队协作	价值导向
1	243	81	117	108	90	144	36	0	27	9	36	72	9
2	684	918	351	729	405	369	558	396	441	423	549	369	324
3	5301	7461	6354	6120	6390	5814	5445	5877	6642	5922	5769	5130	5130
4	5031	4437	5544	5427	5778	6201	6363	5976	5625	5994	6021	6435	6669
5	3816	2178	2709	2691	2412	2547	2673	2826	2340	2727	2700	3069	2943

　　从最大值和最小值来看，因为体量的庞大，所以在最大值都是"5 分"的情况是符合逻辑的。但是对于最小值，其他 12 类职业素质都是"1 分"的情况下，"自我评价"的最低值是"2 分"，从中可以看出现在的学生对于自我的评价还是比较高的，对自我的认可程度也是显而易见的，说明 90、00 后的一代比较自信。

　　各年级 13 类职业素质指标平均分统计的结果显示，各年级 13 类职业素质指标的平均分出现了非常明显的差距，大一年级平均分的区间在

3.31～3.62，大二年级平均分的区间在 3.55～3.83，大三年级平均分的区间在 3.96～4.31，三个年级呈现阶梯式的增长。

通过 13 类职业素质指标得分计数统计可以观察得出，13 类职业素质指标得分中 3 分和 4 分的计数量最多，1 分、2 分的计数量较少，5 分的计数量处于中间位置。这样的统计结果可以从侧面反映出学生中的大部分对于自我的职业核心素质评价较高，基本都处于平均分以上的高值。

各年级所有学生的各项分数描述统计结果如表 4.15 所示。

表 4.15　各年级所有学生的各项分数描述统计

	大一	大二	大三
平均分	195.93	206	271.42
最大值	213	225	324
最小值	102	179	194

从表 4.15 和图 4.2 各年级所有学生的各项分数描述统计来看，大一、大二、大三年级的平均分、最大值、最小值都是呈递增趋势，从中可以反映出大一、大二、大三年级学生的职业核心素质掌握程度是具有一定规律的。大一学生刚进入象牙塔，无论是从意识观念，还是技能锻造，都存在滞后的现象。大一学生刚刚从高考的重压之下解脱，身心更多的是倾向于去适应、享受大学生活，去感受轻松

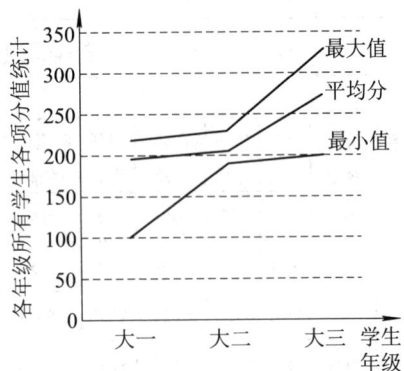

图 4.2　各年级所有学生的各项分数
描述统计

愉快的大学氛围，一时之间还未转换思维，将职业生涯规划纳入计划之中。大二的学生在进入大学后有了一段时间的适应，加上学校老师、校园氛围、学长学姐的感染和影响，逐渐转变观念，开始进行更多的尝试和实践，为大三能够顺利接轨社会做好原始积累。对于大三的同学，在专业知识、社会实践方面都有了更多的积累和发展，基本都已经经历过社会的锤炼，所

以在职业核心素质的掌握程度上明显要高于大一、大二两个年级的学生。这样的结果也是符合科学规律的。

2. 个案分析(两例)

为了实现学生职业核心素质的可持续、动态化管理，有必要对所有学生逐个分析，量身定制个性化成长套餐。现就问卷调查结果中个别案例进行举例分析。

案例一，大一，曹××，男，总分 102 分，平均分 1.57，总分为年级最低分。该案例单项得分情况如表 4.16 所示。该生在"身心健康""知识储备""学习能力""逻辑思维""创新能力"五个方面所有行为描述都是 1 分的最低分，"克服困难的能力"的 5 个行为描述也只有一个 2 分，从中可以反映出该生可能存在心理健康问题，这是需要引起高度重视并且长期关注的问题。同时，从该生严重缺乏的职业核心素质来看，该生的知识水平、逻辑思维、创新意识和畏难情绪比较突出，可能存在学习成绩低、厌学甚至逃课等情况。相比前 6 项职业核心素质，其他 7 项职业核心素质得分相对较高，但仍处于低分水平，从中可以看出该生在人际关系能力和价值导向方面水平较高。从整体上看，在后续的培养过程中，需要高度关注该生的心理健康，将该生作为重点关注人群，通过科任老师、辅导员的帮助，个性化定制职业核心素质提升方案，并做好跟踪和记录。

表 4.16　个例分析统计(一)——曹××

题项	项目												
	身心健康	知识储备	学习能力	逻辑思维	创新能力	克服困难的能力	适应能力	自我评价	成就动机	工作方式	沟通与表达能力	团队协作	价值导向
1	1	1	1	1	1	1	2	2	2	2	2	2	2
2	1	1	1	1	1	1	2	2	2	2	2	2	2
3	1	1	1	1	1	1	2	2	2	2	2	2	2
4	1	1	1	1	1	1	2	2	2	2	2	2	3
5	1	1	1	1	1	2	2	2	2	2	2	2	2
合计	5	5	5	5	5	6	10	10	10	10	10	10	11

案例二，大一，肖××，女，总分 190 分，平均分 2.92，总分位于年级平均分以下。该案例单项得分情况如表 4.17 所示。该生得分区间在 11～18 之间。其中，"创新能力""成就动机""沟通与表达能力"分数最低，均为 11 分，说明该生自认为创新意识不够，在寻求突破方面较为欠缺，难于提出有新颖的看法并付诸实践；同时该生可能存在动力不足、缺乏激情和主观能动性差的问题，对未来较为迷茫，不知所措，甚至比较安于现状；而欠缺沟通与表达能力，可能该生为内向型性格；从创新能力不足、成就动机缺乏中也可以从侧面显示出该生整体的性格走向。在后面的个性化培养定制中需要加强该生自信特质的塑造，要从动力机制上首先打下关键一笔，然后再根据实际情况，按照得分从低到高的顺序，帮助该生逐步改善各项核心能力。

表 4.17　个例分析统计(二)——肖××

题项	项目												
	身心健康	知识储备	学习能力	逻辑思维	创新能力	克服困难的能力	适应能力	自我评价	成就动机	工作方式	沟通与表达能力	团队协作	价值导向
1	4	3	3	3	3	3	3	4	3	3	2	3	3
2	3	3	3	3	2	3	2	3	2	3	2	3	4
3	2	2	4	3	2	3	3	3	2	4	2	3	3
4	3	3	4	2	2	4	3	3	2	3	2	4	4
5	2	2	3	2	2	4	3	4	2	3	3	5	3
合计	14	13	17	13	11	18	14	17	11	16	11	18	17

第五章　基于大数据的职业核心素质实践

5.1　学生职业素质智慧化培养的可行性分析

5.1.1　智慧时代推进学生职业素质信息整合

智慧时代应充分发挥数据集成在培养学生专业素质方面的优势，促进学生职业素质的全面提高。第一，大数据所提供的数据完整，能够更全面地把握高职学生职业素质的现状，有针对性地指导专业素质教育，培养学生的职业能力；第二，大数据提供的数据共享功能，有助于多方力量协同培育学生的职业能力；第三，大数据具有很强的数据开发功能，可以帮助高职院校制定长远规划，不断促进学生的职业能力培养。

1. 智慧时代推进职业素质培养理念创新

智慧时代信息传播冗杂，让需要教育解决的问题变得更庞杂。职业素质的培养，主要是从个人的全面成长出发，强调职业素质教育不仅包括技能教育，也包括观念教育和道德教育。在高职学生的职业发展过程中，对这些学生的未来人生道路和职业规划的引导尤其受到社会的重视。职业教育应根据现实环境的需要，进行社会预演和虚拟情境模拟，培养学生的就业意识。智慧时代的职业教育从两个方面体现了职业素质培养的整体特点和职业教育的内涵：一方面是针对现实就业需求进行的虚拟情境模拟训练；另一方面是实现家庭教育、学校教育和社会教育相结合，培养适应社会生活的专业人才。智慧时代的定量研究和定性研究相结合，为高职学生的职业素质培养提供基于整体观念的实证视角。

1) **虚拟空间与现实空间相结合培养职业素质**

新媒体使现实空间发生了革命性变化，将传统的人类互动方式转变为网络空间和虚拟空间。虚拟空间与现实空间的区别促使我们思考职业教育的培养方法如何与虚拟空间的结合。虚拟空间中人的行为特征不同于现实空间,人们的价值观和观念表现出个体差异,我们应根据个体差异制定具体的处理和解决方法,并进行适当的能力教学。虽然虚拟空间与现实空间的价值建构不同,但在职业素质训练模式上有类似之处。教育者与受教育者之间的信息传递模式主要遵循传播方式,同时强调经验内容和价值取向,树立正确的观念,传播正确的职业观。这是高职学生专业素质培训的主要目标之一。充分利用知识经济时代的方便经验和数据方法,将虚拟空间和现实教育的目标、内容、方法和手段相结合,对高职学生的职业素质培养具有积极意义。

2) 实现家庭教育、学校教育、社会教育与虚拟空间相结合的人才培养模式

从以个性成长为核心的家庭教育到以社会化为核心的学校教育,职业成就的转化过程体现了个性成长和职业技能培养的多重特征。在智慧时代,创造虚拟环境下的职业成就感训练情境,实现家庭、学校、社会等教育与虚拟空间职业教育的有机结合,具有十分重要的意义。长期以来,中国的教育形成了以社会阶层划分的相对封闭的体系,使教育资源在不同阶层之间的分配相对稳定。然而,新出现的网络教育模式在打破传统教育模式的同时,也对教育资源再分配和教育模式产生了影响。在新媒体快速发展的时代,职业素质培养的空间不再局限于学校,随着社交媒体的出现,不同空间和时间的教学已融入学生的日常生活,甚至超出了国家的范围。网络教育的兴起表明了在大数据环境下开放教育在信息社会中具有优势,这对传统的封闭式教育模式产生了巨大的影响。在智慧时代,新媒体的广泛应用使得网络教学模式日益突出,新的教育教学模式将学校教育延伸到家庭、社区、社会甚至新媒体本身,社会化教育的模式渗透到不同的生活环境中。

2. 智慧时代推进职业素质培养价值创新

智慧时代的社会结构发生了深刻的变化,职业素质的培养受到了社会趋势和社会发展的影响,呈现出文化多样性和信息复杂性的特点。在这样

的背景下，高职学生的职业素质培养必须坚持以价值为导向，在现代化进程中不仅要研究外来文化的积极意义，也要兼顾传统文化的优点。

1) 坚持社会主义核心价值观

在经济全球化和信息化加速发展的形势下，借助新媒体的力量，西方的意识形态和各种思想价值观正在渗透到我们的社会中。基于海量数据的新媒体的影响越来越突出，但由于信息传播和筛选缺乏有效的监督和手段，以致信息传播的开放性和广泛性使传统媒体难以有效地运用原有的监督和控制方法，从而暴露了造谣、恶意营销等隐蔽的传播手段。因此，高职学生的职业素质培养必须以社会主义核心价值体系为导向，树立正确的价值观和就业观念，树立符合社会发展和职业要求的道德观念，这是当前职业素质教育的重要内容，也是新媒体环境下创新思想政治教育的理念。

2) 继承并弘扬传统职业素质培养理念和方法

智慧时代已经构建了一个虚拟的社交互动网络，人们与他人的信息交流也日益依赖于网络环境。开放的信息传播环境与多样性道德文化在一定程度上冲击了中华民族传统的职业道德，拜金主义、享乐主义、功利主义这些不良风气对于网络环境中的职业道德带来了一种负面影响。智慧时代高职院校学生综合职业素质的培养，尤其要重视对专业技术理念、职业道德的培养，注重传承和发展中华民族优秀的传统文化，利用智慧时代的信息和渠道多样性优势，促进智慧时代新媒体条件下高职院校学生综合职业素质培养的工作创新与发展。

智慧时代职业素质的培养，有利于虚拟空间与现实生活的互动，培养员工对社会变化进行全面、科学、理性的认识，作出合理的规划。影响职业素质培养的第一个现实认知因素是传统文化，因此，有必要将优秀的传统文化作为培养职业素质的核心。其次，当前职业素质培训理念的构建必须以传统理念为核心。职业教育的基础是社会发展和职业目标的实现，从简单的对职业教育知识和技能的训练到更深层次的核心价值观教育、理念意识的教育以及对职业学校价值观的教育，都充分体现了职业教育的科学系统性与完整性，这也正是智慧时代所必须遵循的职业教育原则与规律。

对职业素质的培养目标应该包含职业理想、职业精神、职业道德以及专业文化等各个层面。在对学生职业素质的培养中，要尽量避免把职业理想与现实收入、社会地位的功利主义思想观点相互挂钩，要从精神和物质之间辩证统一的关系来深刻解读职业理想的基本内涵，即职业理想既要牢固树立为广大人民服务、实现自己人生价值，又要兼顾职业生涯与职业收入。

3）职业素质教育的价值取向与社会需求的一致性理念

根据网络教育的发展趋势和规律，信息时代技术的发展为高职学生的职业成就教育改革提供了新的机遇，确立了职业教育内容与方法、技术的一致性概念，有利于提高职业成就教育的实效性。大数据的发展促进了当前职业教育的转型，促进了职业教育的多方互动，丰富了职业教育的载体，促进了职业教育理念的转变，让职业教育更加适应社会发展和信息技术发展的需要。通过职业教育培训不断创新，有助于建立虚拟情境与现实生活的互动平台，增强职业素质教育过程中的吸引力，帮助学生树立正确的职业认知和观念。通过技术仿真实现的虚拟现实职业训练在世界范围内得到了广泛的应用，如基于严肃游戏仿真软件的实践训练、基于技术培训的模拟驾驶和模拟救援训练等。建立虚拟环境下的职业培训模型，通过数据采集、实证研究和虚拟环境中受训者的实际表现来验证职业教育方式的有效性。最终形成了职业评价和职业素质培养的模式，推导出职业教育的效果，进行了预测研究，开展了行为训练，从而形成了培养学生职业意识的有效培训方法。

5.1.2　智慧时代引领职业素质培养方式变革

不断发展的人工智能技术对人力资源形成了较强的替代作用。这种替代作用，对世界各地的大学生就业形成了巨大的挑战。但不管怎么说，人工智能技术的进步，其好处大于弊端。各国应根据自身的发展特点，制定和实施改革计划。对于一个人口众多、长期依赖劳动密集型产业的大国来说，中国需要考虑不同地区的产业结构和就业特点，分析当地就业需求的变化、劳动技能现状和人才培养模式，将改革与数字转型相结合，制定切实可行的各级政府、企业和个人的数字化改革方案。

1. 人工智能对当前教育人才培养模式的影响

人工智能的发展给就业市场带来了全方位的影响和冲击。目前，我国就业培训模式在许多方面都存在着不足的局面。

(1) 人工智能时代缺乏全面的教育和人力资源发展计划。制定该计划的主要方式是支持市场化行为，并在政策层面为就业者和近就业人员提供学习机会。对人工智能应用的分析表明，人们对人工智能的认识在日益提高，但对人工智能时代的人力资源需求还没有形成明确的理解，特别是在中低技能工人中间，非常需要提高他们对就业需求的了解，以便产生对技能提升的迫切感。

(2) 专业领域数字技能人才培养远远不能满足当前产业需要。一方面，在职业教育和高等教育中，培养出来的数字人才跟不上产业人才需求的增长；另一方面，科技公司也缺乏培养职场新人的耐心，因为他们成长为高级技能人才所需的各项培养成本非常高。

(3) 传统职位上的工人缺乏数字技能培训的渠道和机会。许多传统工作者对提高数字技能充满热情，但很难找到有效的培训渠道和学习机会，许多社会培训方案费用高昂，与工作时间也经常冲突，质量和效果也不能令人满意。对于那些在传统行业中就业的人员来说，数字技能的发展于时代而言有很大的滞后性。虽然传统行业对数字人才的需求不断增长，但大多数公司往往倾向于"挖走"数字人才，从而快速使用，缺乏对传统从业者的内部培训支持和转型转岗通道。

2. 智能化生产给传统人才培养方式带来挑战

1) 工作进程的综合化

智能生产是一种"高度一体化"的生产。采用智能生产方式的企业雇佣的员工较传统企业要少很多。如果工厂部分车间在完成"机换"改造后，有的过去需要 20 人的车间，现在只需要一个人从事机器的运行维护和设置就可以了。这种生产制度的改变，对技术人员的工作模式和能力提出了更高的要求，因为在传统的车间里，一线人员只有一个工作要做，而完成技改后，他们必须监督整条生产线甚至整个车间的生产，工作范围大幅增加。这就使得在技术工人的培养过程中，要使工人了解各种生产过程的原则，并掌握整个流程中的相关数据，才能更好地使用整条生产线的设备。在智能技术的支持下，这种职业教育方式逐步成为现实，它不是来自教育理论家的愿望，而是来自企业生产的真正需要。

2) 人才结构的分层化

如果分工对高技能人才工作模式的影响是横向的，那么人才结构的分层就是纵向的。在传统企业中，技能人才通常分为工程类人才、技术类人才和非技术类人才三个层次。这三种人才之间存在着明确的界限，工程类人才负责策划和决策，他们参与产品的设计、生产计划和各类决策；技术类人才主要从事流程实施、工艺设计或设备维护等中间环节；非技术类人才在生产第一线，包括熟练工人等一线作业人员，他们直接参与生产一线的设备操作。传统的职业教育人才培养水平划分正是基于这种人才分类理论，但是，在智能生产系统中，人才之间的层次整合，使人才的结构扁平化。

3) 技能水平高

智能生产系统并不完全排除人，在某些方面可能需要更多的人。它不排除熟练操作，但它需要先进的技能操作。今后的工作将会是技术性更强、技能更高、活力更强的工作。高级技能业务存在于三个领域：

第一，智能生产系统的运行。由于智能生产系统复杂而昂贵，这类经营者的能力也很强，他们需要了解整个生产体系，并熟练使用各种工业软件进行灵活生产。

第二，智能生产线本身的安装、调试和维护。近年来，机电一体化专业的高职院校从过去机电一体化设备的运行出发，调整了人才培养目标。这是高职院校积极适应人才市场需求变化的结果。

第三，高端技能操作所需的特殊处理。这是一个更重要的方面。智能生产系统，无论多么复杂，只能生产传统产品，企业往往必须在此基础上生产特殊的加工产品，以提高其竞争力。而这种产品可能不完全具备智能设备的加工能力，必须手动操作，因此其操作将非常复杂，对技能的要求也比传统生产线高得多。

4) 研究工作方法

事实上，智能化只是一种手段，关键是要使什么样的生产技术智能化，以及通过智能生产系统为社会提供什么样的产品。企业之间的竞争归根到底是产品的竞争，这是我国实施智能化生产发展战略应特别注意的方面。如果我们忽视技术本身的创新，盲目地实施智能化，就将导致抛弃原有的技术，舍本逐末。这就是为什么工业 4.0 的概念是由老牌制造业强国——德国提出的，而不是由软件业强大的美国提出的。创新是保持产业活力的关键，创新是打造制造业强国的核心。《中国制造 2025》为中国的技术创新和高端制造业的发展制定了一个详细的计划，但创新是一个非常复杂的过程，包括多个层面，需要设计层面和艺术层面的创新。智能化的生产系统必然要求技术技能人才培养方式的改革，而创新成为改革的重要手段。

5) 服务与生产一体化

虽然服务是企业的根本任务，但在传统企业中，服务和生产是相互分离的，服务属于销售或售后服务人员，车间的技术技能是根据标准生产产品，他们只看到"物"，并未过多关注"人"。这是因为传统企业缺乏将生产与客户联系起来的技术和想法，而智能生产系统将完全改变这种情况。智能化的目标是将生产线与库存、产品和客户连接起来，形成一个包括智能生产、智能工厂、智能物流和智能服务四个主题的大型系统。在这样的生产系统中，服务和生产是一体化的，有技能的人员将直接为客户生产，这对他们来说是一种新的工作模式，他们必须有与客户沟通的能力和满足客户需求的定制生产概念。

3. 智慧人才培养进入瓶颈攻坚期

1) 教学过程分裂，技术传承面临断层

在传统的技术转让过程中，对技术过程进行逐层分解，使其技术熟练、具体、细致。然而，随着生产技术智能化，原来的技术继承演变为一种"高度一体化"的生产，以前的技术被精密机械取代，以前的熟练工人演变为控制机器的技术人员。以前需要数百人来完成的生产技术过程，现在可能

只需要一个人就可以完成。随着智能化时代的到来，技术过程变得模糊和简化，这是人类高度的劳动分工。

这种生产的系统化是技术技能发展过程中的一个根本性变化。一方面，以智能机器为核心，将特定的手工技术转化为一体化生产，大大提高了生产效率，使人类从技术和机器生产中解放出来；另一方面，用智能机器来替代特定的技术进程，在某种程度上中断了技术的传播。可以说，以前的职业教育主要是培养技术继承者或技术大师，但现阶段只需要培养操作智能机器的工人。这是所谓的现代化带来的结果。

智能化时代职业教育人才培养的定位是什么？过去，我们把它定位为高技术人才，注重人才的技能，其中技术是指利用机械操作来进行产品加工，这反映了基于手工技术技能的机床加工；但智能化时代完全颠覆了技术的发展和传承，换句话说，把技术技能过程变成了智能化的程序。此时，人们将不再是熟练的技术工人，而是信息系统操作人员。因此，传承传统手艺和技术的人才面临着断层和消失的危险。

2）技术操作更加复杂，技术技能水平下降

以大型机械行业为基础的产业革命结束了手工操作，用机械加工代替了传统的手工操作，形成了新的技术技能。随着信息化时代的到来，机械行业建立的生产体系发生了根本性的变化，现有的职业教育人才培养模式被彻底打破。智能化时代是将人操作机器的生产转化为计算机操作机器的生产，这无疑导致了技术操作更加复杂。这种技术操作实际上是为了降低对人的技术技能的要求，甚至有某个人不能制造产品，但他可以用专业的机器来生产产品。一方面，较低的技术水平实现了智能化时代以机器代替人的理想，使人摆脱了机器工业的阴影；另一方面，智能化也导致人的技能水平下降，这也是技术技能在智能化时代背景下的结果。对于职业教育人才培养模式来说，这是一个毁灭性的打击。职业教育人才培养模式一直定位在高技术人才上，如果智能化时代已经削弱了人的技能地位，那么职业教育人才培养模式还是否继续定位在高技术人才上？职业教育人才培养模式该何去何从？职业教育培养模式的特点是什么？ 这些都是智能化时代职业教育人才培养模式面临的问题。

3）人才的层次结构不断分离，职业教育人才培养的定位有待明确

人工智能是将现代通信技术与信息技术、计算机网络技术、工业技术和智能控制技术结合起来的一门实用技术，其逻辑起点是将人脑的智能与技术技能结合起来形成"智能"。智能化过程是技术的根本性变革，是将技术操作转化为"技术+智力"的组合，必然会影响职业教育人才培养模式的转变与变革。我国的职业教育体系最初包括中等职业学校和高等职业学校，注重培养技术人才的人才培养模式和定位。在人工智能背景下，技术操作被削弱，取而代之的是高端技术操作者和技术服务人员。由于大数据智能化工作取得了突破性进展，原有的生产系统不需要技术人员，需要的是高端技术操作者，注重技术的专业和软生产能力以及技术的研发能力，这是高职人才培养的发展方向。另一方面，智能化的目标是将生产线与仓库、产品和客户整合成一个大系统，包括智能工厂、智能生产和智能服务等主题。与智能工厂和智能生产相比，智能服务是将智能产品的生产延伸到售后服务。智能服务的本质是服务与生产的结合。这是职业教育人才培养的最基本的职业要求和定位。上述智能化带来的变化对明确高职人才培养模式的定位具有重要作用。职业教育需要根据办学水平和服务业水平进行专业部署。

4）复合型人才培养面临挑战

复合型人才是高职教育在智能化背景下需要培养的技术技能人才。从智能生产系统的角度来看，这种高度复合型的人才需要具备特定行业和软件领域的学科知识，同时还要掌握技术技能的理论和应用，以及智能生产系统的原理、检测和维护。由此可以得出的结论是，多学科知识和技术是智能化时代职业教育人才培养的主要方向。我国学者普遍对现有的人才培养模式和职业教育实践经验能否培养出智能化时代所需要的人才缺乏信心。同时，职业教育能否培养出智能化时代所需要的复合型人才，也是职业教育面临的一个挑战和机遇。人才培养可分为理论人才培养和技术人才培养。前者强调理论与知识培养，是本科及以上学历人才培养的方向；后者强调技术和技能培养，是知识和理论概念下的应用和实践技术技能培养，是高等职业教育和我国应用技术大学人才培养的方向。职业教育本身是一种跨越国界的教育形式，从学校系统的特点来看，职业教育几乎涵盖了所有学科。因此，开放职业教育的边界是职业教育人才培养模式的必然选择，而职业教育模式又存在学科壁垒，阻碍了学科知识和技术的自由流动。首先，在行政系统中，职业教育虽然没有遵循严格的古典学科体系进行严格的学科管理，但作为行政教学单元主线的学科比较明显，这就形成了跨学科的障碍；其次，在课程设计和结构方面，职业教育课程教学以职业为载体，设置课程内容，构建职业内的课程结构，职业内的学科结构和障碍依然存在。另外，大多数跨学科课程和学术层面的综合课程仍然停留在理论层面，而实际研究却很少见。同时，学科间的综合课程设置需要有学科间背景知识的教师，以及适应性强的教学方法，而这些问题不可能在短期内得到解决。

5.1.3 智慧时代对职业素质培养提出新要求

1. "1+X"制度改革

1) "1+X"证书制度实施的背景

随着我国经济模式由计划型向市场型转变，从学校到社会的直线过渡制度(毕业分配模式)也被打破，取而代之的是劳动力市场招聘人员与候选人之间的博弈(招聘)。在劳动力市场，从学校到社会的过渡是一个复杂的过程。为了在竞争机制下提高应届毕业生在劳动力市场的竞争力，应在传授知识的同时，为他们提供更多的实习机会，提高他们的实践能力，改善他们的实习实训环境。正因为如此，职业教育在20世纪90年代开始探索确定性与选择性相结合的培养模式。上述教育模式也是职业教育探索人才培养需求的结果。实际上，这是国际职业教育发展的基本趋势之一。

"1+X"证书制度是指1个学历教育证书加上X个职业技能证书，因此很容易认为，实施该制度只是为了给学生提供更多的技能学习选择性，以及加强职业学校的实际教学能力和提高学生的职业技能。这当然也是"1+X"证书制度的目的之一。然而，仅仅这样理解"1+X"证书制度的意义是片面的。事实上，虽然"1+X"是人才培训模式在选择层面上的持续发展，但"1+X"证书制度的目的并不是要复制以前的模式，而是要在职业结构变化的智能化背景下迎接职业教育人才培养模式的巨大挑战。

智能化已经或将要对职业教育产生什么影响？这是当前职业教育发展需要关注的问题。"机器替代人力"现象，引起了人们对目前需要大量技术人员的岗位的担忧。就个别公司而言，由于用机器代替工人，雇员人数大大减少，确实对产业从业人员造成了很大的冲击。但这一担忧对整个行业，特别是对社会来说是多余的，因为工业和社会的总产值正在大幅增加。我们今天的国民生产总值在 100 年前是无法想象的。事实上，现代职业教育是随着技术水平的提高而逐步推进的。智能化是推动力而不是阻力，智能化还加速了产业和职业的更替，这需要进一步调整和优化职业教育能力培养的内涵。机器替代人力，类似于工业革命时的机器代替人，在很多年前已经发生过，职业教育在当时已找到适应这一变化的方法。就职业教育而言，智能化带来的更深层次的影响是职业结构的变化。随着大量传统技能被智能技术取代，职业交叉融合已成为大势所趋。职业交叉融合，就是指用智能设备取代了大量的技术工作后，工人可从事的工作范围大为扩大，以前的许多职业已合并成一个职业，不同职业之间的界限已经变得模糊不清。此外，通过人工智能等技术的使用，制造业与服务业进一步整合，职业已经打破了工业与服务业之间的界限。所有这些变化的结果可归因于技术和工艺的发展，因此，如何培养复合型人才，是智能化时代职业教育人才培养模式中需要解决的问题。

2)　"1+X"证书制度的根本意义在于培训多技能人员

智能技术有助于消除职业界限。多技能人才的培养已成为一种普遍的需求，这就要求进一步拓展职业教育的学习选择性，打破传统专业和学术制度的界限。这一重大变化需要得到相应的人员培训系统的支持。"1＋X"证书计划旨在满足员工培训的需要，实行"1＋X"证书制度可在以下几个方面进一步提高职业教育人才培养的选择性。

(1) 为高职院校多学科人才培养提供更灵活的选择。高职院校与那些实施多学科人才培养的高校不同，仍然普遍采用传统职业结构和逻辑起点作为基础的人才培养模式，并有明确的职业定位。随着科技的发展，职业教育的多元化选择成为必然。发展多学科技术技能人才培养，要求进一步扩大职业教育的选择范围，甚至将选择许可扩大到原来的学术教育之外。"1＋X"证书就是要鼓励学生在现有学术教育的基础上获得更多的技能水平证书，并为这种选择机会提供体制保障。

(2) 复合型人才的培养需要结合不同领域的知识。在"1＋X"证书计划中，X课程的内容可以是贯穿现有专业方案，也可以扩展到其他专业方案，甚至可以凭借技能水平证书的形式向学生传授部分高等教育知识。当然，引入X课程的前提并不是要减少原有专业的内容，相反，"1＋X"可以更好地反映工业发展的新需要，承认一些新兴组织和企业开发的技能水平证书，并将其纳入现有的学术教育。这极大地拓展了多技能培训的课程组合空间，可以培养多行业、多层次、紧跟行业发展的人才。

(3) 职业院校复合型人才培养需要更加多样的学制。职业教育适用于所有行业和职业，而职业教育的复杂性使得学生需要花费多年的时间进行专业知识的学习。有些专业可能学习一年，有些则学习两年、三年、四年或更长的时间。但是，就目前职业教育人才培养从普通教育正规体系分离出来的突出问题来看，这种学术模式给职业教育人才培养带来了很大的困扰，甚至影响了职业教育的发展。多学科技术技能的培养要求学术系统多样化，这就需要在各级职业教育之间建立更加多样化的融合关系，而且还需要建立四年和五年教育等学制。近年来在许多省市试点中涌现的差异化人才培养模式正是基于这一需求产生的。通过将"1＋X"证书制度与学分相互承认制度相结合，使职业教育制度更加灵活和多样化，可以更好地解决学制多样性问题。

3) 实施"1＋X"证书制度需要解决的问题

实施"1＋X"证书制度需要解决如下问题：

(1) 完善技能等级证书体系。实施"1＋X"证书制度，需要有丰富的技能水平证书资源供高职学生选择。由于职业资格的无序发展，近几年国家废除了大批低质量职业资格证书，并提出了新的140余种替代证书，这些新提出的职业资格证书可作为执行"1＋X"的候选证书。但仅靠这140余种证书作为职业资格的"1＋X"证书，显然内涵不够丰富，还需要为各类职业技能制定大量的高水平证书。技能水平证书应注重选择产业发展急需的专业领域，其内容应反映新工艺、新技术、新业态发展标准和岗位要求。选择的职业技能必须符合以下要求：第一是必须根据工艺、技能或业态的内容明确界定，即有明确的职业方向；第二是掌握该技能，需要通过专门培训，并被认定具有足够的专业水平；第三是具有广泛的社会需求，对个人的职业发展也很有价值；第四是可作为当前职业教育的内容的重要的拓展或补充。

政府机构在编制技能水平证书方面可能存在时间滞后、内容不完整等问题，无法完全满足"1＋X"证书计划实施的需要。这就要调动高科技企业开发技能水平证书的积极性,建立企业申报和开发技能水平证书的体系，并由政府有关部门对证书进行审查、审批和管理。在技能水平证书的开发过程中，政府部门应充分发挥组织与管理的作用，将大量的开发工作转移到具有开发能力的龙头企业。尽管单个企业所开发的证书可能会更多地反映个别企业的需要，但可以通过证书的多样化，以及主管机构的审查、审核并要求修正来解决。

(2) 重构学历职业教育的内容。实施"1+X"证书制度不仅需要大规模开发 X 证书，而且需要重建学术教育的内容：一是现有的职业教育内容大多已经饱和，X 的内容难以叠加，如果不整合课程以提高课程的效率，就没有时间实施 X；二是大多数专业的现有学术课程没有为学生的职业能力的多方位发展提供基础。高职院校现有的课程一般都是以就业指导为基本理念的，课程的设置更多地考虑了专业岗位对职业能力的需求，但还不足以为学生的多方位职业能力发展奠定基础。如果"1＋X"证书制度是在这种情况下实现的，那么 1 和 X 只能被机械地叠加，而不能被有机地合并，并且在培养复合型人才方面只能发挥有限的作用。在复杂多变的劳动力市场面前，学术教育的内容一定不能被削弱。但是，要想更好地实施"1+X"证书制度，还需要对学术教育的内容重新构思。一方面要实现课程的系统化，减少重复教学的内容，将个人技能的培训内容与 X 课程结合起来，提高课程的效益；另一方面，有必要重新定位职业教育的培养目标，根据专业的核心素质对课程进行系统调整，选择对专业具有普遍意义和对学生具有长远职业发展意义的内容。

(3) 创新职业教育办学形态。在"1＋X"证书制度的支持下，职业教育的形式可以创新如下：

· 允许举办更长学制的中职和高职。例如举办 4 年制中职与 4 年制高职甚至 5 年制中职。也就是说，已经完成中等职业教育和高等职业教育，希望继续学习一年，并取得相应技能水平证书的学生，应当允许继续在校学习，教育行政部门应当承认延长学习期限为正常的学校制度，并承认学生获得的学分。这些学分可包括在他们获得更高资格学历所需的学分内。例如，为本科教育所需的专门课程积累学分的学生，在完成一般文化课程学分后，授予学士学位。

· 强化职业院校的证书实施功能。实施"1＋X"证书制度不可避免地需要大幅扩大职业学校证书的范围，学生技能水平证书的选择不仅限于他们所学的专业，而且可以跨学科选择，以培养跨学科人才。这无疑要求职业院校大力加强教学、考证和管理职能。为了使这一职能在高职院校更好地发挥作用，有必要建立一个专门的管理机构。

· 建立先获得证书后获得学历的培养方式。"1＋X"也是"X＋1"，学生可以先获得职业技能水平证书，然后再获得学位资格证书。这种培训方式有利于更好地发挥职业教育的大众化功能。新的"2019 年政府就业使命"表示，职业院校将招募更多的人，不仅包括高中毕业生，还包括退伍军人、下岗工人和农民工等群体。这一群体所面临的高等职业教育需要"X＋1"的培养模式。这个群体离开学校的时间较长，用于学习的时间有限，因此他们可以根据所需的资格攻读学位。"X＋1"模式也是将职业教育和职业培训联系起来的一种灵活模式。

· 构建专业水平的 X 选择指导体系。最终执行"1＋X"证书制度的效力将取决于 X 是否能够在 1 的基础上实际增加。在过去，鼓励学生取得各种职业技能水平证书的模式受到了批评，当发现学生获得的证书在其就业中没有发挥实际作用时，这种模式就被放弃了。这是执行"1+X"证书制度的一个教训。引导学生学习和获得多种技能导致学习成本大幅增加，包括经济成本和时间成本。为了充分发挥 X 的作用，有必要建立高职院校学生如何选择技能水平证书的职业指导体系。事实上，美国、加拿大等国的教育机构通常都有非常成熟、专业水准的选修课指导体系，引导学生更加合理地选课。相比之下，我国教育机构的这一职能建设还很薄弱，甚至高校对这一职能的建设也没有给予足够的重视，学生在选课时盲目性强，造成了更大的资源浪费。高职院校应抓住实施"1＋X"证书制度的契机，加强学生技能水平证书选择的功能建设，提高高职院校的教育服务水平。

• 构建相应的教育管理制度。"1＋X"证书制度的内容不仅是为学生提供一系列技能水平的学习证书，也是为了推动人才培育模式的改革和运作模式的创新，这正是"1＋X"证书制度的真正价值所在。但这也将给现有的教育管理体制，包括教育行政管理体制、职业院校，甚至教育以外的劳动和人事制度改革带来巨大挑战。例如，对于完成了现有的学术教育和技能证书(如几项技能)的学生的学习成果的总体评估是什么？如何使他们的学习成果与就业优势相匹配？如何管理需要延长学习时间以获得相关技能水平证书的学生，并为其提供适当的教育服务？如何在现有的学术体系中认可新的职业教育学制等，只有建立完整、详细的职业教育学历证书体系，才能有效实施"1＋X"证书制度。

2. 就业市场对智慧人才提出新要求

人才是创新的第一资源，高技能人才又是产业升级和高质量发展的重要支撑。习近平总书记曾指出："技术工人队伍是支撑中国制造、中国创造的重要力量。"

然而，"技术国家"和"技能强国"建设中的人才瓶颈是显而易见的，截至 2022 年，我国技术工人在总就业人数中只占 21.3%，技术人才仅占 26%。在人工智能方面，只有 38.7% 的人有 10 年的经验。在技术更新和人力投入之间也存在着明显的差距，例如用人工智能取代大多数警卫和翻译，以及生产送货机器人取代人工送货的工作。但互联网的发展使新工作大量涌现，如界面设计师、android/ios 程序员和互联网产品经理。一项全球评估显示，到 2030 年，30% 的工作可以自动化。

在智能化背景下，就业市场对人才提出了新的要求。

1) 具有工匠精神的"螺丝钉"

"螺丝钉"精神蕴含着对事业的使命感和责任感，是敬业奉献的生动体现。我们要立足本职，以高度的责任心和使命感工作，自觉做到干一行爱一行、专一行精一行，成为爱岗敬业的典范。在数字经济和人工智能时代，人生发展的目标通过职业理想来确立，并最终通过职业理想来实现。"三百六十行，行行出状元"，岗位无高低贵贱之分，都是建功立业的好平台，绝不能看轻自己的技术工人岗位。在全面建设社会主义现代化国家的新征程中，各领域、各岗位都需要有千千万万个像螺丝钉般奉献的人。这就要求我们立足岗位掌握真本领、真手艺、真技术，用实际行动诠释"螺丝钉"精神，成为伟大事业中不可或缺的"螺丝钉"。数字经济和人工智能时代，同样需要大力弘扬工匠精神。从"螺丝钉"精神到工匠精神，蕴含着一份敬业情怀。我们需要坚守岗位、脚踏实地，以实际行动践行执着专注、精益求精、一丝不苟、追求卓越的工匠精神，努力做越拧越紧的"螺丝钉"。

2) 具有真才实学的"金刚钻"

智慧时代催生了以前闻所未闻的新工作，如自然语言处理人员、语音识别工程师和人工智能、机器人产品经理等。"老本行"，如媒体从业人员在互联网上进行报道，需要在他们的"人造化"之后，在人工智能领域进行垂直媒体转换。

对人工智能时代的技术人员来说，不仅要有突出的专业知识，而且还要掌握理论知识和先进的实践能力。

面对海量数据、人工智能、区块链的挑战和高新技术的要求，我们必须培育一批具有"瓷器加工"能力的"钻石"。需要指出的是，建设一支由熟练人员组成的"特遣队"的工作应该是分等级和分类的。鉴于我国处于零起点和空白状态的那些地区存在的基本问题，我们应该能够承受、忍受孤独，从零开始培养专门的人才。同时，要加强人才队伍建设，以满足企业对海量数据分析、人工智能、智能政府等人才建设和培训的需求。

3) 具有进取意识的"学习者"

2018 年 5 月 28 日，习近平总书记在中国科学院第十九次院士大会、中国工程院第十四次院士大会上强调，中国要强盛，要复兴，就一定要大力发展科学技术，努力成为世界主要科学中心和创新高地。我们比历史上任何时期都更接近中华民族伟大复兴的目标,我们比历史上任何时期都更需要建设世界科技强国。在人工智能时代,知识的传播和消费模式的变化提高了技术实施的效率,缩短了从课桌到生产线的时间。面对知识爆炸和分散化的模式,技术人员必须始终保持良好的学习心态,跟上理论研究前沿,更新专业知识基础。人工智能的出现和生产线上智能机器人的广泛使用催生了新的产业。探索人与自然的关系、人机关系和计算机系统,重新确定产品和技术的实施方式,需要新的知识和能力,没有先进知识的人将不可避免地被时代淘汰。因此,新时代的技能人才应具有终身学习的能力,不仅能够获得新兴信息技术所需的信息和知识,而且能够提高知识利用的效率和质量。

5.2　学生职业素质提质培优目标和内容建构

5.2.1　提质培优行动计划目标

1. 具有中国特色的职业教育定位

深入学习贯彻习近平总书记关于职业教育的重要论述,把握职业教育发展的基本规律,坚定正确方向。党的十八大以来,习近平总书记深刻阐明了我国职业教育的根本任务、办学定位、育人要求、价值取向、舆论引导等一系列重大现实理论。深入学习贯彻习近平总书记相关重要论述必须把握两个重点:一是新形势下充分认识职业教育发展的重要意义,全面贯彻职业教育的工作方针,不断解放思想、守正创新,弘扬劳模精神、崇尚技能技术,让技能强国成为时代风尚;二是坚持中国特色社会主义职业教育发展道路,坚持立德树人根本任务,健全德技并修、工学结合的育人机制,把牢服务社会、促进就业的育人成效,为"人皆成才、人展其才"创造良好的条件。

准确把握职业教育的基本规律,贯彻落实党中央国务院关于职业教育的长远布局,正本清源、守正创新。职业教育和普通高等教育是两种不同类型的教育模式,但具有同等重要的地位。这是党中央国务院对职业教育的全新判断，也是职业教育迎来的又一个春天。把握好这一定位，关键是要正本清源、守正创新。一方面要充分认识职业教育是人人受益的终身教育、市场需求的就业教育、技术技能的实践教育、社会需要的通识教育，真正按照职业教育的方法和规律去办职业教育；另一方面要处理好职业教育发展面临的"五个关系"，即规模、数量、内涵、质量、特色的关系。

2. 构建现代职业教育体系

习近平总书记强调："增强职业教育适应性，加快构建现代职业教育体系，培养更多高素质技术技能人才、能工巧匠、大国工匠。"增强职业教育适应性，加快构建现代职业教育体系，是培养高素质技术技能人才、能工巧匠、大国工匠，促进就业创业创新，推动中国制造上水平的重要途径，具体包括如下三点：

(1) 提高职业教育发展质量。职业教育在培养目标、育人方式等方面有着自己的特点，提高职业教育发展质量需要遵循技术技能人才、能工巧匠、大国工匠培养规律，以岗位需求为导向，以实践能力培养为重点，促进教学过程与生产过程对接，严把教学标准和毕业生质量标准两个关口，努力满足不同地区和不同业态对技术技能人才、能工巧匠、大国工匠的差异化需求。

(2) 促进校企合作、产教融合。要求企业深度参与职业教育规划，将产业发展目标转化为人才培养目标。要引导建设一批高水平、专业化的资源共享型职业教育实训基地，探索创新实训基地运营模式，努力实现职业教育资源效益最大化。完善产教融合型企业认证制度，加大政策引导力度，通过税收抵免、金融优惠、信用公示等方式，不断调动企业参与职业教育改革创新的积极性。

(3) 提升职业教育认可度。积极开展本科层次职业教育试点，深化专业学位硕士研究生培养模式改革。将薪酬待遇与技术技能水平挂钩，提高技术技能人才收入水平，鼓励地方政府将高级技术人才纳入本地人才引进计划，让他们在落户、住房、职称评审、职级晋升、子女教育、社会保障等方面与高等学历人才享受同等待遇，进一步提高职业教育的社会回报率与社会认可度。

3. 全面推进职业教育提质培优行动计划

2020 年，教育部等九部门印发《职业教育提质培优行动计划(2020—2023 年)》(以下简称《行动计划》)，明确通过加快体系建设、深化体制机制改革、加强内涵建设，系统解决职业教育吸引力不强、质量不高的问题。实施职业教育提质培优三年行动计划，切实提升职业教育质量。

《行动计划》提出加快推进职业教育治理体系和治理能力现代化。一是健全职业教育标准体系，构建职业教育学校标准和专业标准，结合职业教育特点完善学位制度，完善各类标准的动态更新和执行情况检查机制；二是完善办学质量监管评价机制，研究制定职业学校办学质量考核办法，省级统筹开展职业学校办学质量考核，建立技能抽查、实习报告、毕业设计抽检等随机性检查制度；三是打造高素质专业化管理队伍，健全完善职称评聘、分配制度等，加强职业学校校长和管理干部培训，造就一支政治过硬、品德高尚、业务精湛、治校有方的管理队伍。

《行动计划》提出实施职业教育"三教"改革攻坚行动。首先，提升教师"双师"素质，实施新一周期"全国职业院校教师素质提高计划"，落实 5 年一轮的教师全员培训制度；其次，改革职业学校专业教师晋升和评价机制，完善职业学校自主聘任兼职教师的办法，改革完善职业学校绩效工资政策，允许专业教师按国家规定在校企合作企业兼职取酬；同时，加强职业教育教材建设，实行教材分层规划制度，健全教材的分类审核、抽查和退出制度。

4. 推动职业教育更高质量发展

《国家职业教育改革实施方案》出台以来，职业教育可谓是迎来了发展的春天，搭载着政策的顺风车，职业教育在社会各领域发挥着巨大的作用。随着脱贫攻坚取得全面胜利，"十四五"全面开启，朝着第二个百年奋斗目标奋勇追击，我们更需要持续推动职业教育朝着提质培优的方向迈进，让发展成果共享，最终实现共同富裕。

职业教育是促进经济社会发展和提高国家竞争力的支撑力量。改革开放使得中国经济发生翻天覆地的变化，职业教育功不可没。职业教育成为我国培养高素质技术技能人才、大国工匠的战略性工程。站在历史交汇期展望未来，在全面建设社会主义现代化国家的新征程上，关键核心竞争在人，高素质职业人才将再创辉煌，加快构建现代职业教育体系，注满人才"蓄水池"，为中国高质量发展提供源源不断的活力。

职业教育是推动高质量发展的必然要求。面对全球经济低迷的状态，同时我们也在危机中看到新机，要坚持把发展经济着力点放在实体经济上。当今世界正经历百年未有之大变局，我国在积极构建新发展格局、推动高质量发展，纵观国内国际形势内忧外患，要想在国际竞争中突出重围、赢得主动，就需要在突破"卡脖子"技术上下一番苦功夫，如何破解这一发展难题，发展更高质量的职业教育，培养更多大国工匠是唯一途径。

5.2.2 学生职业素质提质培优

学生职业素质是指毕业生在社会生产活动中需要遵守的行为规范总和，是每一个进入职场的学生都应该遵循的业界行为准则和规范。个体行为的总和构成了自身的职业素质，职业素质的特点是具有自律和他律的双重属性。

职业素质是发展的、动态的，具有时代性。在物资匮乏的时代，大多把"多、快、省"作为职业行为规范。随着市场经济的发展，社会需要更多高精尖、个性化的商品和服务。同时，职业素质的要求也发生了从追求量到追求质的转变，由规范模式向创新模式转变，由标准化生产向个性化定制转变。

高校毕业生的就业落实是如今社会关注的问题，也是衡量高校育人成效的一个重要指标。高等职业院校学生的专业技能等显性技能基本能满足企业和行业人才需求，但职业素质中的隐性素质普遍缺乏。职业素质主要由职业道德、职业技能、职业行为、职业作风和职业意识等要素构成，职业技能、职业行为体现了"技能"要求，包括知识能力、实践能力、就业能力、创新能力等要素。职业道德、职业作风和职业意识体现了"素质"要求，包括道德情操、团队协作、创新思维、沟通交流、人文素质等。以工匠精神为核心的职业素质，主要由以下要素构成。

1. 精益求精的专业素质

专业素质我们也称之为显性素质，是指学生将来就业所需的技术和能力，是大学生的形象、资质、知识、职业行为和职业技能等方面的外在体现。这些可以通过各种学历证书、职业证书来证明，或者通过专业考试来验证。精益求精是新时代对职业人的重要技能要求，也是职业态度的要求。

精益求精是工匠精神最为称赞之处，具备工匠精神的人，对工艺品质有着不懈追求，他们以严谨的态度完成好每一道工艺，小到一支钢笔、大到一架飞机，每一个零件、每一道工序、每一次组装。只有对技能技术倾注精益求精的执着与专注力，才能彰显和传承精湛的技艺。

2. 爱岗敬业的道德素质

道德素质是职业人道德认知和道德行为的体现，体现了从业者的修养。问渠那得清如许，为有源头活水来，爱岗敬业正是工匠精神的力量源泉。爱岗敬业是中华民族的传统美德，是一份崇高的精神，正是爱岗敬业精神激励着一代代工匠匠心筑梦。爱岗，就是对所从事的职业有一种热爱之心，视职业为自己的生命。敬业，就是对所从事的职业有一种担当精神、牺牲精神，耐得住寂寞，守得住清贫，不急功近利、不贪图名利。爱岗反映的是职业精神，是前提；敬业反映的是个人品德，是保障。可以说，爱岗敬业是新时期"工匠精神"的重要组成部分，是劳模精神、劳动精神的重要体现。

3. 健康的心理素质

心理素质是从业者对社会职业了解与适应能力的综合体现，主要表现在积极乐观的心理态度等。工匠精神强调由"从业"到"乐业"再到"精业"的职业心态；从工作过程中遵守规章制度，到专注于生产和劳动，再到创造性发挥个人价值，体现"干一行、爱一行、精一行"的职业态度。从业者劳动过程中传达出严谨认真、专注耐心的价值取向，展示的是对产品的尊重和崇尚以及对职业的虔诚和热爱。

4. 守正创新的思维素质

思维素质也称智慧品质，体现从业者独立思考，发现问题、解决问题的能力。它包括逆向思维、换位思考、目标思维、客观思维、危机思维等。

职场思维引导从业者对职业发展进行思考，启发对生产等问题进行理性思考。从业者在工作上要保持戒律，既要遵守制度，保持对制度规定的敬畏之心；又要遵守道德底线和职业操守，坦坦荡荡做人、踏踏实实做事，从而获得企业的信任。善于思辨才能适应职场思维，跟上日新月异的现代社会技术发展，才能创造出满足人民日益增长的对美好生活追求的产品。这就需要一大批"大国工匠"不断改进生产技术，提高产品与服务质量，用创新的技术来满足社会大众的需求，不断提高社会生活的品质。

5. 尽善尽美的人文素质

人文素质是从业者具有以人为本的意识，具有发现和创造美的意识和能力的综合体现，包括科学精神、艺术精神、人文精神等。人文素质不仅是劳动者追求专业素质、道德素质、心理素质、思维素质的动力源泉，还是一种"人术合一"的工作境界。如柏拉图所言："医术产生健康，而挣钱之术产生了报酬，其他各行各业莫不如此，每种技艺尽其本职，使受照管对象得到利益"。工匠生产产品的目的不仅仅是获得物质报酬，而是追求美的价值情怀。工匠通过对"道"与"术"、"人"与"物"的深度思考，提升审美能力，丰富创作灵感，从而创造出"美"的产品，满足社会大众的审美情趣。

5.2.3 构建"体系—模块—项目"多层级"三全育人"体系

构建全员、全过程、全方位育人模式，是高等院校落实立德树人根本任务的本质要求和主要途径。我们要努力构建德智体美劳全面培养的教育体系，形成更高水平的人才培养体系。要把立德树人融入思想道德教育、文化知识教育、社会实践教育各环节，贯穿基础教育、职业教育、高等教育各领域，学科体系、教学体系、教材体系、管理体系要围绕这个目标来设计，教师要围绕这个目标来教，学生要围绕这个目标来学。

职业核心素质培养是培养全面发展的人的基本途径，知行合一是学生成长成才的基本规律。构建"三全育人"模式，构建"大协同""大先生""大学生"三位一体的格局。

第一，实现"大协同"。首先要实现校内协同，整合校内全部育人要素，聚焦立德树人根本任务，构建课程、科研、实践、文化、网络、心理、管理、服务、资助、组织十大育人体系；其次要实现大学与社会、家庭协同育人。家庭是人生的第一所学校，家长是孩子的第一任老师，要讲好"人生第一课"，帮助孩子"扣好人生第一粒扣子"。

第二，当好"大先生"。人民教师无上光荣。教师是人类灵魂的工程师，是人类文明的传承者，承载着传播知识、传播思想、传播真理，塑造灵魂、塑造生命、塑造新人的时代重任。广大教师要有理想信念、有道德情操、有扎实学识、有仁爱之心，做学生锤炼品格的引路人、学习知识的引路人、创新思维的引路人、奉献祖国的引路人。

第三，培养"大学生"。学生之"大"，在于他们是中华民族伟大复兴的"梦之队"，是实现中华民族伟大复兴中国梦的主力军。学校要把学生培养成为德智体美劳全面发展的社会主义建设者和接班人。

1. 构建多元学生评价体系，促进学生全面发展

学生职业核心素质分为职业能力、职业素质和社会能力三个方面，综合表现在身心发展、知识储备、学习能力、逻辑思维与判断能力、创新能力、克服困难能力、适应能力、自我评价、成就动机、工作方式、沟通表达能力、团队协作和价值取向十三个方面，具体对应体质健康与体育锻炼、艺术素质及特长培养、学术志趣及偏好发展、交流沟通与社会工作、政治素质与党团服务、社会公益及志愿服务、创新创业与创客思维、工匠工坊及技能竞赛等八个提升要点。结合高职学生的年龄、学段与自身特点，通过对职业核心素质的基本框架和具体要素进行结构化分析，我们清楚地认识到，高职学生的职业核心素质需突出职业情感、工匠精神和技能创新等元素，高职学生的核心素质应该"多元融合，实践养成"；学生职业发展核心素质智慧化平台不仅把对素质的监控和评价量形成学生素质档案，而且采用"过程记录、量化反馈、开放多元"的综合评价模式和评价方法，给出符合高职学生特点的科学评价指标。

2. 发挥全媒体大数据优势，精准实施思政教育

学生职业发展核心素质智慧化平台设置了多个模块，除了对学生第一

课堂进行记录，还将第二课堂学生综合素质考评得分计入平台。学生考评分为素质课程、活动项目、核心文化和实践实习四大类。学生通过参加不同的模块，获得相应的素质学分，有效发挥"成长平台"的育人功能，提升育人活力，促进核心素质与思政教育融合发展和学生的健康成长。

通过对平台数据的应用分析，学生可及时了解自我短板和优势，有针对性取长补短。另一方面，教师可以查阅每一名学生的综合表现，了解学生素质档案进程，并通过平台直接向学生进行评价反馈，使学生及时了解存在的不足和提升方向，进而有针对性地对学生进行辅导。平台还设置了家长观察窗口，家长可以通过平台关注学生的学习过程和全方位的表现，与学校协同做好孩子的教育工作。平台的应用，有效促进了"学校全员育人，家校协同育人，学生自主育人"，助推学生全面发展目标的实现。

3. 优化学生信息成长平台，落实育人根本任务

学校始终坚持以立德树人为根本任务，遵循以人为本，因材施教教育理念。根据学生职业发展核心素质智慧化平台大数据反馈的各项指标信息，有针对性地开展和调整学生思想政治教育实践活动。学院以项目化教育活动为依托，结合学生的兴趣及专业优势，围绕实践育人主旨搭建与各专业相关的项目活动实践平台，形成"融通专业、服务社会"的"德智共育、师生共建"的全方位育人模式，同时积极挖掘和利用区域教育资源，设计活动项目，确保社会实践活动常态化，注重强化组织管理、价值引导、优秀示范、效果评价，并注重"校内与校外相结合，课内与课外相结合，集中与分散相结合"，充分有效利用教育资源，增强育人功能与教育效果。平台活动项目的开设，不仅提升了学生专业技能与素质，还促进了学生了解社会、增长见识、培养品格、完善人格。

5.2.4 构建"德育、智育、体育、美育、劳育"五育融合格局

1. 准确把握新时代高等教育的初心和使命

党的十九大以来，以习近平同志为核心的党中央提出一系列关于高等教育的重要论述，深刻回答了"培养什么人、怎样培养人、为谁培养人"

这一根本问题，体现了鲜明的政治性、高度的战略性、强烈的人民性、深刻的规律性、突出的创新性，为高校谋划办学育人思路、履行四项重要职能指明了努力方向、提供了根本遵循。总书记多次强调，办好人民满意的教育、培养德智体美劳全面发展的社会主义建设者和接班人，既是教育的根本任务，也是教育现代化的方向目标，更是高校办学育人的初心和使命。这就要求高职院校要认清使命任务，自觉把学习贯彻习近平新时代中国特色社会主义思想与学校改革发展结合起来，牢记全心全意为人民服务的宗旨，努力学习贯彻党中央国务院关于教育的重要政策，并将其转化为推进高校党的建设和改革发展的实际行动，"守初心、担使命，找差距、抓落实"，努力提升办学治校水平和人才培养能力。

高职院校应始终坚守初心使命，强化责任担当，全面贯彻党的教育方针，以服务国家战略需求、区域经济社会发展为己任，确立了奋力实现各类学科建设战略任务，从完善德育、智育、体育、美育和劳育工作体系入手，积极探索新时代高校"三全育人"工作的有效路径，着力构建间接知识传授与直接知识探究、理论技能与实践体系、专业能力与全面发展相协调的课程体系，第一课堂与第二课堂、教师主导传授与学生主体参与相促进的培养方式，社会主义接班人要求、专门人才要求与学生兴趣要求相融合，能促进每个学生全面发展与个性成长的育人模式，努力培养拥护中国共产党领导和社会主义制度、立志为中国特色社会主义奋斗终身的社会主义建设者和接班人。

2. "五育并举"协同发力，努力构建德智体美劳全面培养的教育体系

1）聚焦立德树人，着力构建完善的德育工作体系

（1）强化多维度协同，全员参与，构建德育新机制。

① 优化顶层设计，系统推进德育体系建设。实施教师思想政治素质提升、大学生思想政治教育推进和基层班团组织建设"三大工程"，系统设计育人机制，以特色团学活动、精品德育课程为依托，推广有对应学校特色的德育文化品牌，强化氛围营造。

② 双课双师同行，健全课程思政建设机制。可以考虑组织"思政教师＋

专业教师"跨界集体备课，"工匠大师＋学校教授"协同育人。组建由党政领导、思政辅导员、优秀团员团干为代表的"讲师团"，立足人才培养目标，从社会主义核心价值观、职业道德、职业精神、专业发展史等思政教育资源中充分挖掘育人元素，融入专业技术课、实习实训课、班团党课的教学中，推动课程思政落实到课堂教学中，润物无声。

③ 线上线下结合，建构线上云端。学院应坚持走出去、引进来，校企共建校内外实训基地、企业工作室和技术协同创新中心，通过认知实习、岗位实践，将企业文化、行业精神、工匠精神等融入专业人才培养过程中。应用信息化技术开发建设素质成长智慧化平台，对学生素质进行综合考核评价；利用云端思政教育平台，制作和推出大国工匠故事、名人传记、企业社会责任使命担当等"课程思政"延伸学习资料库。

(2) 聚焦多线程行动，全过程育人，构建德育新格局。

高职院校可以从"新生开学仪式"到"思政第一课"，再到"大三毕业典礼"，全过程倡导"早立志规划人生、早理论联系实际、早参加社会实践"，让"三早"引航大学生活，利用学业导师、思政辅导员、名班主任组成的"精锐之师"，引导学生树正确三观、做奋进三者；通过大师工作室、师带徒工匠工坊，让学生专业学习又博又专、愈博愈专；依托志愿服务活动、"三下乡"等实践载体，促使学生达到知行合一、以知促行、以行求知。

(3) 组合多板块体系，全方位服务，丰富德育新内核。

① 打造特色云端思想政治教育体系。将集中教育和日常教育有机结合，让线上发声和线下授课相互促进，构建思政大格局。依托专业讲师团，开发精品微党课、特色主题团课、专题学习会、国情研修团等，利用线上线下专栏，用政治理论教育铸魂，用先进思想教育补钙，用知行合一教育强身。

② 锻造特色技术技能创新体系，结合学校师带徒工匠工坊、技能大师工作室、现代学徒制试点基地等，打造特色实践基地，聚焦两类比赛，锤炼多重能力，引导学生开展发明创造、技术创新、学术研究。

③ 推进特色学生骨干培育体系，"以理论培训为基础，日常工作为载

体，自主学习和实践锻炼为重点"的培养模式，依托"青马工程""团学骨干培育营"两大载体，围绕"信仰—视野—素质—能力"4 个板块、10 项教学内容、学员"X"个性需求，打造"4 + 10 + X"培训模式，进一步研发培训教程和评价体系，锻造素质过硬的学生尖兵。

④ 构建特色青春实践教育体系，发挥志愿者服务队作用，依托市民学校、社区实践中心、"三下乡"等载体，打造综合素质类精品项目，注重社会服务、知行合一。

⑤ 完善特色示范典型评选体系，深化、细化、优化评价体系标准，选树在专业、学习、文体、团学、创业等五个方面的学生榜样，突出典型、以点带面，发挥"先进促后进，后进变后劲"的辐射效应。

2) 在增长学生知识见识上下功夫，着力构建完善的智育工作体系

(1) 凝心聚力推发展，师资队伍出英才。

充分发挥榜样力量，建立系统长效培育机制，树立教师先进典型，培育"四有"好老师，打造能够保障大数据智能化产业发展需要、满足高素质技术技能型创新人才培养需求的"高、专、精、尖"结构化实践育人创新团队；引进专业高端人才，实施校企互聘融通，建立稳定的校外导师团队；开展专兼职教师双培养工程，落实全员轮训制度，形成良性的"双师"培养机制，建成一支专兼结合、富有创新性和国际竞争力的高水平双师队伍。

(2) 双创贯穿课程教学，提升职业综合素质。

完善教学环节的顶层设计，设置"职业素质课程"和"双创课程"并纳入专业人才培养方案,将职业道德与创新创业教育融入教育教学全过程；组建创新创业导师团队，对学生创新创业项目进行指导，培养学生创新创业意识，培育"高素质、高可用"技术技能人才，促进学生职业素质和职业技能全面高效提升。

(3) 深入推进实习育人，树立大国工匠精神。

依托高职院校引进的外部专家工作站，与相应优势企业合作共建相关产业学院，优化校内校外实习环节，整合联动校内外优势资源，校内课堂实践、课程实训，校外认知实习、体验实习、顶岗实习齐头并进，齐抓共管，为专业学生提供实习机会和实习场所，落实"全员、全程、全方位"

育人理念，培养学生大国工匠精神。

(4) 依托产教职教联盟，校企共建创新实践基地。

立足服务区域产业发展，聚焦省域、市域经济圈，依托校企联合成立的相关产教联盟以及相关学会、协会，搭建产教融合平台，服务专业发展；与业内知名企业进行深度合作，校企共建具有辐射引领作用、具备现代治理体系的高水平专业化产教融合基地、创新实践基地，升级现有实训室软硬件设备，落实实践育人阵地保障。

(5) 深化培优项目育人，实施卓越技能人才培养。

依托名师工作室，设立卓越班、师带徒工匠工坊，开展卓越人才培养计划；以项目为载体，导师带领学生进行专业技术学习、项目开发、专利申报和系统编程；通过育训结合、学分互认等手段，为创新型人才培养提供引擎和创新驱动载体。深化培优项目，将企业新技术、新工艺融入专业课程体系，全面提升人才培养质量，营造"课堂成工厂、大师成匠师、学生成学徒"的实践育人新格局。

(6) 着力促进服务育人，全面提升社会服务能力。

依托技能人才培训基地、师资培训基地、技术研究与应用创新中心、辅导员工作室等载体，高职院校发挥专业人才和技术优势，进行技术服务和社会服务。师生共同开展产品研发、技术开发和商业模式创新，深度参与企业的技术改造与革新。师生可深入社区、园区和厂矿企业进行"互联网+"信息产业、制造业、服务业等领域的技术服务支持；对下岗职工、退伍军人、农民工等人员进行素质提升、知识更新、返岗技能的培训；组建师生志愿者服务队，深入社区、乡镇、学校进行政策法规、科学普及、网络安全等宣传，为当地社会经济发展提供智力支持。

3) 树立健康第一理念，着力构建完善的体育工作体系

高职院校应开齐开足开好体育课。按照《国家学生体质健康标准》，建立学生体质健康测试中心，每年对全体在校生进行体质健康测试，促进学生积极参加体育锻炼，提高体质健康水平。按标准为一年级学生开设体育必修课，为其他年级学生开设体育选修课，选修课成绩计入学生学分。注重健康理念教育，引导学生形成健康第一理念。发挥运动竞赛引领作用，

增设学生喜闻乐见、易于参与的竞技性、健身性体育项目，以校园内系列竞赛为抓手，经常组织足球、篮球、排球、乒乓球、羽毛球、网球、啦啦操、轮滑、环校园跑等体育比赛。发挥学生体育骨干的示范作用，组建学生体育运动队，科学开展课余训练，组织学生参加各类大学生体育专项竞赛活动。面向全体学生设置多样化、可选择、有实效的锻炼项目，鼓励和支持体育社团定期开展锻炼活动，引导学生积极运动、适量运动、快乐运动、健康运动，培育学生健康的体魄和坚强的意志。注重心理健康教育，坚持心理健康教育工作模式，着力实施美心工程，继续开展心理健康运动会、心理健康宣传月等特色活动。构建教育教学、实践活动、咨询服务、预防干预"四位一体"的心理健康教育工作格局，培育学生自尊自信、理性平和、积极向上的健康心态，促进学生心理健康素质与思想道德素质、科学文化素质协调发展。

4）坚持以美育人，着力构建完善的美育工作体系

(1) 加强美育与各学科的渗透融合。

高职院校在重点开设好美育课程的同时，应进一步拓展美育教学的载体，将美育贯穿在学校教育过程的各个方面，渗透各个学科之中。促进艺术教育与思想政治教育、美育教学与德育教学有机融合、专业课程与文化课程相辅相成，培养造就具有丰厚文化底蕴、素质全面、专业扎实的艺术专门人才，推动公共艺术教育发展。

(2) 积极开展学生社团活动及文化艺术活动。

高职院校应积极开展社团活动及文化艺术活动，加强宣传引导，鼓励学生参与各级各类活动，增强学生的参与感和积极性，培养学生的兴趣。建立学生社团联合会、艺术团等组织机构，由专门教师对学生社团活动及文化艺术活动进行监督和指导，推动学生社团活动健康发展。在社团活动中，积极开展中华优秀文化校园传承工作，充分挖掘春节、元宵节、清明节、端午节、中秋节等中国传统文化节日的丰富内涵，形成"过中国节、说中国节"的浓郁氛围，通过中国传统文化节日的引导作用，做好中华优秀文化艺术的传承工作。依托已有优秀传统文化项目和非遗文化传承工作坊等载体，着重引导学生传承本土艺术。

(3) 以优秀作品感染人、启发人。

高职院校可以主动与各类艺术团体、演出团队、专业院校沟通交流，定期举办观看活动，通过高雅艺术进校园等方式，积极引进形式多样、内涵丰富、颇具影响力的优秀艺术作品，讴歌民族英雄、倾诉家国情怀、弘扬集体主义精神。

(4) 推进美育教育信息化建设。

结合"互联网+"发展新形势，创新美育教育教学方式，加强基于移动互联网的学习平台建设。重点围绕美育理论课程、艺术鉴赏课程和美育实践课程，通过引进或建设公开课、慕课、微课等在线开放课程的方式，满足学生个性化、多样化学习需求。

(5) 加强美育教师队伍建设。

高职院校应加强公共艺术教师队伍建设，满足学生美育课堂教学的需求，可聘请各艺术门类的领军人物和优秀传承人来学校开办教师工作坊或举办讲座，担负一定的美育教学辅导工作。鼓励专业课教师参与美育课程建设和教学改革，支持教师跨学科合作开发开设美育课程，定期组织美育教学交流和培训，提高教师教学水平。

(6) 发挥校园文化环境的育人功能。

高职院校应积极发挥校园文化环境的育人作用，充分利用网络、广播、电视、教室、走廊、宣传栏等，营造格调高雅、富有美感、充满朝气的校园文化环境。把社会主义核心价值观、中华优秀传统文化等元素融入校园文化环境中，融入学生生活，浸润学生心田。

(7) 加强美育教研科研工作。

可以考虑成立美育研究机构或团队，整合资源，协同创新，发挥高校公共艺术教学机构的作用，深入研究学校美育改革发展中的重大理论和现实问题，打造高校美育综合研究的高地和决策咨询的重地。

(8) 促进美育协同创新。

联合和依托文化部门及相关单位，组织选派优秀老师和学生积极参与文艺支教志愿服务项目，鼓励与本地中小学校确立艺术教育协作关系，帮助中小学校合作共建学生艺术实践实习基地，开展"结对子、种文化"活动。积极探索组建大中小学校美育教学联盟、文艺工作者援教联盟，依托联盟搭建美育支教平台。聘请艺术家和民间艺人进校园，成立相关工作室，担负一定的美育教学辅导工作。

5) 弘扬劳动精神，着力构建完善的劳育工作体系

(1) 优化劳动教育主要内容。

① 开展生产劳动和服务性劳动教育。

围绕创新创业，结合学科和专业特色，开展面向社会及学生的实习实训、新工种培训、社会实践与服务、勤工助学等，让学生在劳动教育中锻炼通用劳动技能、积累职业劳动经验，应用新知识、新技术、新工艺、新方法创造性地解决实际问题。

② 组织课外劳动教育。

在劳动教育理论教育的基础上，让学生走出教室，组织学生到教室外、社会中进行劳动实践锻炼。积极组织课外劳动教育实践项目和劳动教育主题活动，鼓励学生在保证自身安全的前提下，走向社会参与社会劳动，在劳动体验中提升学生就业创业能力。

③ 培养学生劳动意识和公共服务意识。

在劳动教育中，将理论教育与实践锻炼相结合，使学生在掌握通用劳动科学知识的基础上，深刻理解马克思主义劳动观和社会主义劳动关系，帮助学生树立正确择业、就业、创业观；懂得空谈误国、实干兴邦的深刻道理，重点培养学生的诚实劳动意识，具有到艰苦地区和行业工作的奋斗精神；在劳动教育中注重培育学生的公共服务意识，使学生具有面对重大疫情、灾害等危机时主动作为的奉献精神。

(2) 健全课内劳动教育体系。

① 加强劳动教育通识课程建设。

将劳动教育纳入专业人才培养方案，在相关课程中设置一定学分的理论教育和一定学分的劳动实践活动，学生完成理论教育课时获得相应课程学分，完成劳动实践学时获得相应素质学分。在每学期职教周设立劳动实践教育环节，作为课程考核评价的重要依据。学生每学期期末通过综合素质学分认定平台上传参加校内外生活劳动、生产劳动、服务劳动的佐证材

料，由辅导员审核后报上级批准，同时由学校相关部门定期抽样复核。

② 将劳动教育纳入专业教育。

加强职业技能和技术实践教育。在认知实习、体验实习、顶岗实习中加强职业技能和技术实践教育，让学生学习专业劳动知识、体验专业劳动实践、积累专业劳动经验，全面提升学生的专业劳动能力。

推动校企合作共建专业、共编教材、共设工学结合一体化课程及联合搭建实践平台，推行面向企业真实生产环境的任务式培养模式。提高实践教学比重，组织师生到企业、社会团体参加社会实践和调查研究。深化产教融合，强化学生创新实践能力培养。在专业教育、创新创业教育中纳入劳动教育，深化产教融合，加强与行业骨干企业、高新企业、中小微企业的紧密协同，在产教协同培养过程中强化对学生的劳动锻炼要求。专业类课程与实习实训、社会实践、毕业设计等相结合开展劳动实践，创新创业教育类课程通过创新创业项目实践、行业产业交流、毕业设计等环节加强劳动教育。重视新知识、新技术、新工艺、新方法的运用，提高在生产实践中发现问题和创造性解决问题的能力，在动手实践的过程中创造有价值的物化劳动成果。

③ 健全课外劳动教育体系。

将劳动教育融入日常管理，开设勤工助学岗位：在学生日常管理工作中，明确学生日常劳动事项和具体要求，帮助学生巩固良好日常劳动习惯。建立劳动清单制度，将寝室卫生、校园卫生、教室卫生等纳入劳动清单，相应计入综合素质学分，并作为学生综合素质评价的重要考核内容。结合学院各科室、部门工作需要及学生能力水平，面向全院学生开设勤工助学岗位，技术性较强的岗位可以进行基础性岗前培训，为学生提供体验校园实践生产劳动的平台，提高学生自立自强能力。

④ 创设学生志愿服务等劳动实践岗位。

在食堂、教学楼、寝室等服务性场所，开设学生志愿服务等劳动实践岗位，在确保安全的前提下，让学生积极参与校园卫生保洁、绿化美化、食堂劳作等劳动实践及管理活动，让学生体会生产性、服务性劳动的辛苦和不易，懂得尊重他人、珍惜他人劳动成果，培养学生艰苦奋斗的劳动精神。

⑤ 在校园文化建设中强化劳动文化。

在劳动节、植树节、学雷锋纪念日、国际志愿者日等重要节点，开展符合大学生特点和对应学校特色的劳动主题教育活动，如表彰优秀毕业生报告会、劳动模范(工匠)进校园等，通过校园讲座、新媒体等广泛宣传劳动榜样人物，尤其是身边普通劳动者的人物事迹，让学生在多种多样的活动中体悟劳动的重要意义，体会劳动的价值，培育学生积极的劳动精神。

⑥ 用好海报、标语等传统媒体。

发挥网络、微信、抖音等新媒体平台优势，打造以劳动教育为主题的多媒体栏目，提升劳动教育的吸引力和感染力；举办各类设计大赛，开发相关媒体宣传素材，推广制作贴近大学生特点的网络劳动文化产品。通过抖音、微寄语等板块，分享劳动教育感悟，增强劳动教育的互动性。

⑦ 支持学生自主开展校内劳动实践活动。

鼓励学生从校内学生群体需求出发，依托社团、工匠工坊、大师工作室等，支持学生自主开展面向校园内的公益性劳动、服务性劳动、创造性劳动等实践活动，运用所学知识及个人特长，创造性解决实际问题或提供服务，在自主劳动教育中提升实际问题解决能力和公共服务意识，增强学生的劳动获得感、成就感和荣誉感。

(3) 推进校外劳动教育实践活动。

① 建设校外劳动教育实践基地。

坚持需求导向和服务导向，将劳动教育与专业教育结合，与相关专业行业骨干企业、政府及企事业单位相关部门建立合作，建设校外劳动教育实践基地。在社会实际工作岗位上开展劳动实践教育，为学生提供动手操作、参与社会劳动锻炼机会，帮助学生积累劳动经验，提升专业劳动能力，实现开展学生劳动教育与满足相关单位用人需求双赢。

② 鼓励学生积极参与校外生产劳动锻炼。

在确保学生人身安全的前提下，鼓励学生结合个人生活、学科专业，积极参与社会生产劳动锻炼，如专业实习实训、专业服务及创新创业活动等，丰富学生的劳动体验，体会劳动的深层价值，提升学生的创造性劳动能力。

③ 将劳动教育与社会实践活动相结合。

结合"三支一扶"、大学生志愿服务西部计划、"返家乡""三下乡"等社会实践活动，开展面向社会的服务性劳动教育，强化学生公共服务意识和面对重大疫情、灾害等危机时主动作为的奉献精神。利用社区、街道、敬老院、福利院等公共服务资源，建立志愿者服务基地，组织学生参加志愿服务，开展公益劳动。

④ 加强学生劳动素质监测。

组织开展关于学生劳动素质状况调查，注重学生劳动观念、劳动能力、劳动精神、劳动习惯和品质等的监测。充分发挥监测结果的示范引导、反馈改进等功能。

(4) 深化劳动教育理论研究和队伍建设。

加大劳动教育类科研和教改课题的支持和培育力度，形成一批适应时代发展的劳动教育理论研究和实践创新成果。配合学校组建专业教师团队编写开发劳动教育课程，编写教学大纲、教案，设计教学环节、考核方式；加强劳动教育师资队伍建设，组织劳动教育方面的教师交流与培训，增强教师对新时代劳动教育在人才培养全过程中的价值认同，培养进行劳动教育的专业教师；鼓励教师通过挂职、培训等方式参与专业领域相关的基层社会实践，提升实践技能，壮大"双师型"教师队伍；依托现有辅导员工作室，推进辅导员开展劳动教育的研究和探索。

5.3　基于职业素质的提质培优大数据匹配模型

越来越多的企业在招聘员工时注重专业技能、人文精神和科学精神的结合。因此，基于职业素质的提质培优大数据模型匹配，就必须以职业成就等元素的融合计分进行设计，旨在通过统计个体的职业成就元素，及时优化和调整职业素质的培养模式。

5.3.1 职业素质的内涵

职业素质是人类在社会活动中需要遵守的行为规范。个体行为的总和构成了自身的职业素质，职业素质是内涵，个体行为是外在表象。

专业素质是指专业知识、专业理论、专业技能、必要的组织管理能力等方面的素质。专业素质也是职业素质其中的一类。专业素质分为显性专业素质和隐性专业素质两个层次。专业基础知识和实践能力可通过学习和培训获得，并可通过各种学历证书和专业资格证书加以证明，这些证书都是明确的专业成就，是显性职业素质。职业道德和职业态度难以在短期内培养、察觉和量化，是一种隐性的职业素质。隐性职业素质是显性职业素质的重要组成部分，隐性职业素质决定了个体在职业工作过程中的人格素质和实践中显性职业技能的水平和素质。

职业素质是实践者在工作中必须具备的一种综合素质，它与纯职业技能有着本质的区别。职业技能强调掌握可观察和可衡量的知识与技能，强调职业技能和运作模式的明确规范，而职业素质是普遍、内在和永久的。无论他们从事何种职业，职业态度和职业道德的要求都是相同的，是职业内部化的精髓，也是职业可持续发展和完善的基础。

5.3.2 传统职业素质培育模式中存在的误区

在传统认识论的影响下，许多高职院校存在只注重显性职业素质而忽视隐性职业素质的认识。由于教学条件的限制和部分教师对学生职业素质的认识不足，高职院校在教育过程中过分强调培养可观察的职业技能和规范，将明确的知识体系或操作规范作为衡量学生职业素质培养的唯一标准，忽视和淡化了学生职业意识、态度、伦理和职业习惯的培养和塑造。

高职院校职业教育的使命是培养高技能人才，而职业教育的终极价值是培养出综合素质较高、具有发展后劲的技术技能人才，而不是培养简单的高技能劳动工具人。在传统的"以能力为基础"的职业培训模式下，职业能力往往被降低为职业技能，导致只对职业技能较高的学生进行培训，缺乏必要的专业创造力、团队意识、良好的职业道德和积极进取的工作态度。在传统的职业素质培养模式中存在着几种认知偏差：

1. 注重职业技能的传授，忽视隐性职业技能的形成

在传统的职业培训模式下，许多教师认为职业技能和操作规范是职业培训的全部内容，将教育和教学的重点限制在掌握一定的知识和记忆或操作技能的规范上，没有认识到职业道德和职业态度等隐性职业素质对未来员工素质的重要性。此外，职业技能的培养易于衡量，教师课堂教学的效果和绩效也容易衡量，而隐性职业素质不易察觉，需要长期培养，这使得教师在教学中注重以传统的教学方式教授职业技能，忽视了学生隐性职业素质的形成。

2. 注重隐性职业发展的认知层面，而忽视行为和情感层面的转化

高职院校虽然重视学生隐性职业素质的培养，但把隐性职业素质作为一种专业课程或技能课程来对待，忽视隐性职业素质可作为一种教育教学质量的特点，更重要的是把认知转化为行为和情感。

由于认识上的逻辑错误，一些高职院校对职业素质的评价标准仅限于职业技能的简单叠加，认为学生综合职业素质的提高主要是由于个人职业技能的积累，而且越多越好。在这种思维方式的指导下，教师力求使学生具备更多的知识、记忆和技能，并尽可能使他们的职业技能符合某些权威规范或标准，而忽视了职业技能的积累并不一定导致职业态度、意识和习惯的改变。培养学生的综合职业素质，不仅要看学生掌握职业技能的程度，还要看学生隐性职业素质的培养。

5.3.3 基于职业素质的质量优化匹配模型的构建

近年来我国高等职业教育发展迅速，各行各业培养了一批具有扎实基础知识和规范技能的劳动者，但是在人才培养模式的建设中，仍有必要改变传统人才培养模式的弊端，调整人才培养方式，强调内涵建设，特别是隐性职业素质的培养。在市场经济快速发展的今天，就业岗位不断变化，市场和企业对员工的良好职业素质提出了更高更全面的要求，只有重视学生职业素质的提升，才能适应时代背景和需求。

1. 深化思想认识，树立以行动为导向的职业素质培养目标

思想意识是行动的先导，对高职学生职业素质的构成和培养模式的认识不同，必然导致在教育教学过程中认识的偏差。首先，高职院校要及时更新教育观念，了解用人单位的用人标准和职业素质定位，认识当前职业教育改革中"职业标准—能力标准—人格标准"发展的总体趋势，探索适应市场需求和社会需求的人才培养模式。其次，在高职学生职业素质的培养上，应突破主体性知识掌握的局限，确立以行动导向作为职业素质培养的目标。从书本中获得的知识和技能是"贫瘠的"，只有在行动过程中将工作所需的知识、技能、人格、态度、情感和道德很好地结合起来，才能使工作过程"充实"和有意义，并在内心深处提高高职学生的隐性专业精神。最后，培养目标的设计应以真正的工作任务为基础，以学生在完成实际工作的表现为起点，不仅要评估学生在完成工作任务时的操作规范和技术熟练程度，还要注重工作过程中的态度和工作习惯，培养学生应用综合知识和技能解决实际问题的能力。

2. 改革课程设置，构建符合市场需求的职业素质培养课程体系

首先，面向市场，根据社会对人才素质的要求，围绕职业素质的基本要素，对现有课程进行重新组合和重构，淘汰不适应时代需要的过时课程，利用现有课程资源，积极发展适应时代精神和当今市场需求的职业素质课程。其次，加强教学管理，将职业素质教育纳入人才培养方案，完善相关教学计划、教学大纲和课程标准，保障课时数量和课程质量。有必要将职业素质教育纳入"思想道德修养和法律基础""职业规划""就业和创业指导"等现有课程，要求教师有意识地将职业素质教育渗透职业教育中，充分发挥职业素质课程在职业素质教育形成中的作用，使学生获得宝贵的经验，造就自己的未来职业。最后，根据学生年龄的特点和职业素质发展的规律，实施阶段性梯度模块化专业素质培训计划。例如，大一学生注重专业兴趣的引导和职业规划，大二学生注重在专业实践中促进职业道德和专业素质的提高，大三学生注重就业和创业教育。

3. 加强校企合作，开发以实际工作情景为依托的职业素质教学内容

专业素质是专业知识、专业能力、专业作风、专业精神的统一，而不

仅仅是专业对口那么简单。专业素质还细分为专业知识、技能、能力、素质、作风、精神。只有在具体的工作实践中，学生才能体会和感受到专业素质的逐步形成，这就要求建立"校企合作、工学结合"的教学平台。首先，高职院校要与企业建立长期稳定的合作关系，使学生能够踏入第一线，感受到严格的企业管理和良好的企业文化，认识到劳动纪律的约束，体会到劳动成果带来的成功感和幸福感。其次，高职院校应将企业的实践培训课程和管理模式纳入日常教学和管理中，注重根据实际工作条件开发职业素质的教学内容。实际工作场景具有复杂性、具体性和社会性等特点，教师可以运用项目教学、案例教学、角色扮演和小组教学等教学方法，培养学生解决问题的能力和团队合作意识。最后，通过高校与企业之间的合作与交流，进一步了解企业对专业文化水平的具体要求，让企业参与学校人才培养计划和课程设计，聘请专业技术人员在课堂教学和人才培养中担任兼职教师，并积极派遣现有教师到企业车间进行短期培训和实习。

4. 注重校园文化建设，扩充职业素质培养的载体

首先，高职院校"职业化"的特点决定了校园文化建设应把职业道德教育和专业素质教育充分纳入日常的主题活动中，并经常开展"我的职业观""职业态度和职业情感""创业就业"等活动，营造健康和谐、优美生动的校园文化环境；其次，要科学规划校园景观和硬件设施建设，使学校的自然景观或地标建筑体现学校的教育方向，让学生在一定程度上感受到职业学校独特的文化氛围和价值观；最后，应广泛使用校园广播和网络平台、校园标志或标语，积极宣传教育理念和校园形象，以增强学生的认同感。此外，引入企业管理制度和企业文化，营造工作氛围，引导学生的思维方式，按照用人单位的职业规范来规范学生的行为，使学生在长期的文化培育和价值观陶冶中形成良好的职业素质。

5. 改变评价模式，打造个性化职业素质展示平台

(1) 强调评价内容的背景性质。

根据高职院校教学内容的实用性特点，高职院校应摒弃一边倒强调笔试的弊端。学生专业素质的评价不仅要考查学生的知识储备，还要考查学生

灵活处理工作的能力。教师可以根据考核目标设置个性化、多样化、有针对性的考核内容，注重学生解决问题的能力和在实际工作中发挥创造性思维。

(2) 强调评价方法的多样性和灵活性。

传统的"一刀切"评价模式没有考虑学生的个性差异和解决问题的不同方式，学生行为的差异和差异本身并不能反映学生的专业素质。由于职业素质与工作环境相联系，学生的个人素质被内在化，教师可以根据教学内容和学生的个性差异运用表现性评价，学生的评价不能依靠一般的和单一的量化评价标准，从而为学生的个性化职业素质评价奠定基础。

(3) 注意他人评价与学生评价的有机结合。

高职学生除了重视教师评价和学生相互评价这类外部评价方法外，最关键的是要认识自己的长处和短处，通过自我检讨和反思，有针对性地反思自己的行为和表现，不断提高自己的职业素质。

根据上面的分析，我们提出基于职业素质的提质培优匹配模型，具体如图 5.1 所示。

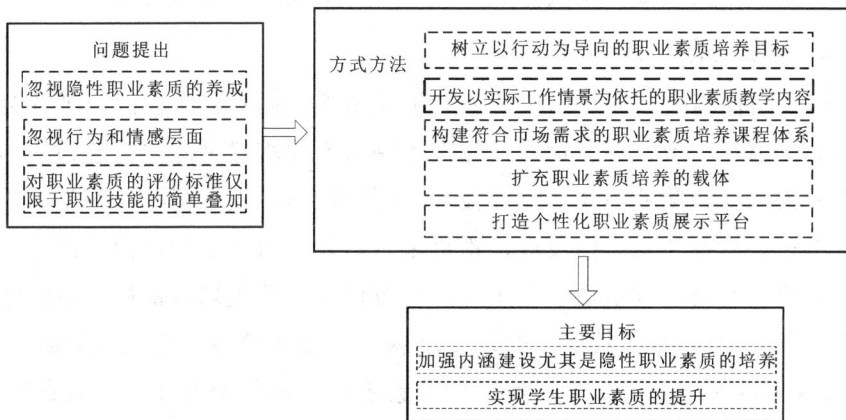

图 5.1　基于职业素质的提质培优匹配模型

5.4　职业核心素质提质培优模型在部分高校的应用效果

本书所涉及的理论和实践方法，在多所职业院校得到了应用。其中包含双高院校 1 所，其他院校 6 所。

5.4.1 整体落实情况

1. 智慧化育人定位

认真贯彻落实党的二十大精神，坚持以习近平新时代中国特色社会主义思想为指导，秉承"职业教育核心思想和育人的目标是引导学生全面发展"的工作理念，弘扬社会主义核心价值观，继续深入构建"十大育人"体系。为此，高职院校应以大学生思想政治教育工作为着力点，紧紧围绕"培养什么人，怎样培养人，为谁培养人"这一教育的根本问题，坚持"以学生为中心、办让人民满意的教育"的办学理念。各参与试点的高职院校(下称各学校)结合本校实际，立足工匠精神，先后出台了一系列职业核心素质培养的指导性文件，并将大学生综合素质教育写入各自高校相关规划文件，形成学生管理工作的"五位一体"格局，推进学校学生管理工作向专业化、职业化、科学化发展，实现学生管理向教育现代化的要求迈进。

2. 智慧化育人目标

结合高校实际，立足岗位，弘扬工匠精神，提升强国技能，把社会主义核心价值观、现代企业优秀文化理念融入人才培养全过程，着力培养学生的爱国意识、职业道德、专业技能、创新能力、敬业精神、诚信意识和团队意识。重视学生全面发展，推进素质教育，增强学生自信，满足学生成长需要，努力形成全员、全过程、全方位育人的大思政格局，帮助学生成为"四会"(会知识技能、会动手动脑、会做人做事、会生存生活)"五好"(身体素质好、心理素质好、职业素质好、协作能力好、专业素质好)特质的"三型人才"(发展型、复合型和创新型技术技能人才)。

3. 智慧化育人措施

(1) 重视顶层设计，统一思想，完善体制机制。各学校党委高度重视学生管理工作的顶层设计，落实主体责任，建立党委统一领导，部门分工负责，全员协同参与的学生管理"五位一体"工作机制。

(2) 强化特色定位，凝聚合力，提升服务能力。各学校针对学生发展实际，本着对学生提供个性化、精准化的实时指导原则，将学生综合素质发展划分为常规性、改进性、发展性三个板块，采取"条块结合、以条为主、块为统筹"的工作机制，遵循"总体部署、全面动员、分步实施"的推进策略，本着"以核定点、以点串线、以线织面"的技术路线，落实"问题导向、自我保证、重在改进"的基本要求，基本建成内部质量保证体系，纳入学校质量诊断改进信息平台。

(3) 推进载体创新，构建育人平台，促进平台间的深度融合。各学校打造出一批特质明显、品牌突出、效果优良、符合学校实际的育人平台，为学生管理现代化提供充足保障。

(4) 注重协同进步，提升效能，凝结育人成果。各学校坚持学生在教育过程中的主体地位，实行精细化教育和管理，促进学生在各个领域的全面发展。

5.4.2　智慧化育人内容

加强党的建设，是高校思想政治工作的"根"和"魂"，只有抓好党的建设，才能保证高校坚持社会主义办学方向，落实立德树人根本任务，推进学校各方面工作正常有序开展。

1. "强化体制+健全机制"，完善党建与思想政治教育的设计"链"

(1) 创新组织建设，实现有形覆盖与有效覆盖相统一。各学校在科研团队、教学团队、创新创业团队、学生公寓、学生社团和学生实习基地建立党支部，在校内各级各类干部培训班中建立临时党支部，围绕科研攻关、教育教学、创新创业、学生自我教育管理和服务等工作，充分发挥党支部的战斗堡垒作用和党员的先锋模范作用。

(2) 创新工作举措，构建了"五个一"党员教育工作机制。通过"四大工程"助推党员培养教育。例如：某试点院校大力实施"青年马克思主义者培养工程"，先后邀请多名专家教授来校为"青马工程"授课，累计逾 2 万人次参与培训，在青年马克思主义者培养过程中产生了多个优秀典型案例，其中部分案例还入选了共青团中央典型案例。

2. "健全队伍＋坚守课堂"，着力党建与思想政治教育的主体"链"

(1) 配齐配强党支部书记、思政课教师、组织员、辅导员、党务人员等 5 支队伍。加快思政理论课教师队伍建设，配齐配强"1+14"的专职组织员队伍，实施教师党支部"双带头人培育工程"，着力打造"八双"辅导员队伍，建立党务工作人员、辅导员职务、职级双线晋升机制。

(2) 建立由"思政课程"向"课程思政"延伸的全课程育人模式。各学校深化落实"主渠道、主阵地和社会实践'三位一体'"思想政治教育模式，改进教书与育人"分离式"的管理方式。例如某试点高校就制定了《中共某高校委员会关于印发"大思政"教育工作责任清单的通知》，并通过教务处、马克思主义学院等在全校深入开展"大思政"教育工作。

3. "建设平台+抢占阵地"，助力党建与思想政治教育的介体"链"

建设"党员 e 家"党建信息化管理服务平台、校级党群服务中心基地平台、网络学习平台、 信息管理平台、在线交流平台、智能服务平台，着力提升学校党建科学化水平。抓好传统宣传平台阵地的同时，抢占自媒体时代微博、论坛等网络阵地，完成校团委、团总支、班团支部三级微信微博体系建设，利用微信微博传递青春正能量，建立"网上团支部"，开设学校"微信公众号"、QQ 公众号、微博、"青年之声""智慧团建"，搭建网络新媒体育人矩阵，有效开展党建与思想政治教育工作，丰富党建活动与思想政治教育形式。

4. "重视团学活动+优化管理服务"，智能人文教育的协同"链"

(1) 积极开展大学生社会实践活动，大力推进城乡社区市民学校建设，让大学生在实践中增长才干。

某学校在重庆市潼南、綦江、巫溪等偏远区县建有 13 个"三下乡"社会实践活动基地，在该市江北、南岸、九龙坡等区县建有 40 余个带薪实习活动基地。为紧随"一带一路"倡议步伐，该校组建了全国首支"重走海上丝绸之路"队伍，相关活动在新华网、华龙网、中青网等媒体都有报道。同时，该校大力推进城乡社区市民学校建设，积极倡导志愿者到社区去、到基层去，引导志愿者服务城乡居民、参与社会治理、促进民生改善、推进社会和谐稳定和践行党的群众路线。目前，该校已建立城乡社区市民学校 14 所，募集志愿者 13 500 余名，获得社区群众的一致好评。

(2) 以社团活动为载体、专业社团为依托，不断丰富校园文化，全面提升学生综合素质。

某学校成立有涵盖文学艺术、专业技能、实践服务、体育运动等 64 个协会，协会会员达 1 万余人。该校还成立机器人俱乐部、向网协会、电子协会、物联星空协会、汽车创新科技协会等专业社团 22 个，占协会总数的 34.3%。某校团委连续 4 年荣获重庆市共青团工作先进集体。同时，该学校以重大纪念活动和"六讲五不"活动为契机，开展爱国主义主题教育，优化校风学风，繁荣校园文化。

5. "提高职业素质+规划职业发展"，渗透职业教育的客体"链"

(1) 构建职业素质、职业技能并重的人才培养模式。以课程、项目和活动作为载体，实现"课程内容与职业标准对接、教学过程与生产过程对接"，实现与人才培养方案的全面衔接。通过职业素质课程、职业素质实践活动课程、职业素质进专业课堂三层培养机制，建立高职学生职业素质评价模型，运行高职学生职业素质学分制评价系统，形成学生自评、互评、老师评价和社会(企业)评价于一体的综合评价体系。

(2) 构建职业规划、职业素质同频的素质提升模式。围绕"自信重建"与"认知职业"两大基点，打造课程体系，帮助学生了解就业形势、磨炼就业心理、树立就业目标、形成职业意识、培养职业常识、提升职业技能，以及发展通用能力等，某学校开设《高职学生职业生涯规划》《信息检索与文书写作》《沟通与交流》《高职学生就业创业指导》课程，并编写出相应教材，在学生大一大二两个学年四个学期予以交叉渗透式实施。

6. "融通产学研+搭建全面发展"，输出学生管理的目标"链"

(1) 建立校企合作、工学结合机制，实现校内外人才培养"全方位"产教融合。某学校开展"园校互动"促进"产学研用"一体化发展，与两江新区工业园区、西永综合保税区、西永微电子产业园区等国家级和市级工业园区签订《园校合作框架性协议》。

(2) 融通教学科研、理论实践体制，构建企校间协同育人"多元化"实训模式。某试点院校成立"园校合作委员会"，共建省级"电子信息应用技术推广中心"等 18 个具有生产、研发、实习实训功能的中心；与中国长安汽车集团有限公司(简称长安集团)、中兴通讯股份有限公司(简称中兴通讯)等创建"重电—长安校企联盟"等联盟组织，与京东方科技集团股份有限公司(简称京东方)、中国惠普有限公司(简称惠普)等 400 余家企业合作，开办"华为班""京东方班"等特色订单班 46 个，共建区域性、行业性公共实训中心 13 个(参与共建的企业达 102 家，其中全球 500 强企业 12 家)，共建开放性技能实训基地 40 个，共享开放性公共技能实训基地 80 个，为学生的成长成才提供输出性保障。

5.4.3 智慧化育人保障

1. 组织保障

(1) 各学校从战略和全局的高度，充分认识到加强和改进新形势下大学生思想政治教育与管理工作的重要性，成立了以党委书记、校长为组长，分管学生工作的校领导为副组长，党委学生工作部、党委组织部、党委宣传部、教务处、招生就业处等部门负责人为成员的大学生思想政治教育与管理工作领导小组。学校党委会、校长办公会把大学生思想政治教育与管理工作列入重要议事日程，定期听取工作情况汇报，针对性研究部署。

(2) 各学校按照"1368"学生智慧管理模式的责任清单，对各部门和二级学院细化分解任务，明确各项任务完成的时间节点，及时评估工作效果，改进工作方法，不断提升工作水平。工作中坚持问题导向、目标导向，将各项任务落实情况纳入绩效考核。

2. 制度保障

(1) 抓顶层设计，将"1368"学生智慧管理模式纳入《某高校教育事业"十四五"发展规划》，配套制定了《某高校"十四五"专业建设规划》《某高校"十四五"人才队伍建设规划》《某高校"十四五"课程建设规划》和《某高校内部质量保证体系建设与运行实施方案》等文件，进一步建立健全学生管理与学校行政管理、教学管理、师资队伍管理等方面的制度协同发展，同频共振。

(2) 根据《教育部等八部门关于加快构建高校思想政治工作体系的意见》(教思政〔2020〕1 号)、《教育部思想政治工作司 2022 年工作要点》等文件精神，学校建立以《某高校学生管理规定》为基础的"1+4+N"制度保障体系，制定了《某高校学生管理规定》《某高校学生日常行为管理规定》《某高校学籍管理办法》《某高校学生处分管理规定》《某高校学生申述处理办法》《某高校学生综合素质学分实施办法》等系列制度。

3. 队伍保障

(1) 科学管理，配齐配强辅导员工作队伍。

某学校把思想政治工作学生管理队伍纳入学校人才队伍建设总体规划，现有专职辅导员 114 人、持证心理咨询师 29 人，均分别达到教育部规定的 1∶200 和 1∶4000 标准。为了保障辅导员的待遇，学校明确要求辅导员的绩效不低于同级别专任教师平均水平。

(2) 精准考核，畅通辅导员晋升通道。

某学校制定《辅导员考核办法》《辅导员聘任管理办法》，完善激励保障机制，落实专职辅导员职务职级"双线"晋升要求，对辅导员职称评聘、晋升实行单独计划、单列指标、单独评审。从 2020 年至今，有 17 名专职辅导员进入领导岗位，18 名专职辅导员晋升为副教授以上职称，11 名专职辅导员在攻读博士学位。

(3) 长效发展，促进辅导员素质提升。

某学校每年定期组织辅导员参加校内外培训。2020 年至今，共组织辅导员参加校内外培训 671 人次，邀请校内外专家讲座 71 次。2021 年集中组织 117 人到厦门大学参加"高校师资管理能力提升高级研修班"培训。积极开展辅导员职业技能大赛，二级学院和学校逐级竞赛选拔，全员参赛。成立高校思想政治教育研究会，搭建理论研究平台，支持学工队伍开展思政理论研究。2019 年至今协会成员累计出版《高职新生入学教程》2 部；立项市级以上课题 71 项，获批经费 187.5 万元；公开发表学术论文 226 篇

(其中中文核心合计 42 篇，EI 和 SCI 合计 21 篇)。

近年来，试点院校学校学工队伍成效显著。相当比例辅导员获"重庆市辅导员技能大赛独立院校与高职高专组一等奖""年度重庆市高校辅导员年度人物""重庆市辅导员择优资助计划""中国职业技术教育学会征文比赛一等奖""重庆市优秀思想政治教育工作者""重庆市优秀辅导员""重庆市高校辅导员年度人物""重庆市高校优秀思想政治教育工作者"。

4. 设施保障

(1) 大师引领、开放共享校内活动基地。

某学校建有"首批重庆市众创空间"，并被授予重庆市高职院校唯一的"国家级众创空间"，以创新引领创业，以创业带动就业。建有重庆市高校唯一的国家级技能大师工作室"陈良无线电调试工工作室"；建成市级技能大师工作室"陈志军汽车维修工作室"；建成教育部"中兴—重电"ICT 行业创新基地等 21 个区域性行业性公共实训中心；建成"中央财政支持汽车检测与维修实训基地"等 53 个共建开放性公共技能实训基地；建成校内实训室 307 个，共计可提供实训工位数 16 280 个；建有 1360 m^2 的学生公寓党团活动基地、1500 m^2 的学生活动中心、15 000 m^2 的运动中心。

(2) 学教互动、推进教育与教学工作融通。

某学校着力搭建课程平台建设、基地平台建设和网络平台建设。课程平台建设方面，研发具有工匠精神特点的课程教学，思想政治理论课有提高学生职业道德的针对性和实效性，学生兴趣课程、心理健康课程、四门活动课(主题班会、社会实践、社团活动、公益活动)形式多样、主题鲜明，学生思想政治素质和职业道德素质显著提高。基地平台建设方面，确立与搭建"廉洁教育基地""德育教育基地""社会实践基地""心理健康教育基地""创新创业实践基地"等校内外素质教育基地，开展学生养成教育和素质拓展教育。网络平台建设方面，建立学生素质教育网站及微信微博，开展教育形式多样、内容丰富、有针对有重点的主题教育和互动教育。

5. 经费保障

根据《某高校教育事业"十四五"发展规划》学生综合素质发展财务

预算，从 2021 年起，某学校累计投入 3175 万元用于学生综合素质发展项目。另外，学校按照每年 300 元/生标准下拨学生日常管理经费、按照学校事业收入的 5%提取学生资助经费、按照 80 万/年标准划拨学生工作队伍建设经费，每年划拨 80～100 万元设立在校大学生创新创业专项基金，为学生管理工作提供经费保障。

5.4.4　智慧化管理系统

某高校在学生信息化领域投入资金近 500 万，学生管理平台(见图 5.2)实现了从无到有，从有到优的飞跃式发展。从单系统的信息采集到多系统的信息共享，学生管理平台建设经历了单机版、单个的网络信息系统、学校智慧校园管理三个阶段。经过集成、优化、整合后的智慧校园管理系统，实现了学校学生活动过程的全覆盖，实现了在线业务处理、业务监管、业务分析、数据信息共享等功能，优化了学生工作流程，提高了业务处理能力，提升了学生工作部门的工作效率和水平，促进了学校的科学决策能力和水平。

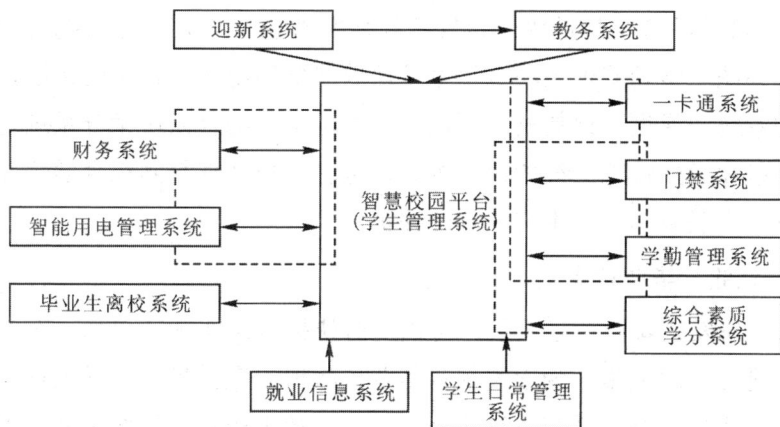

图 5.2　学生管理系统

1. 迎新服务信息化

某高校根据自身实际情况，自主研发了高校的迎新服务系统。从新生录取到入学再到入学安排等各个环节皆由该系统实现。该系统减少报到流程，完成学生信息的整理与搜集，为其他系统提供数据支撑。

2. 过程管理信息化

该学校先后向第三方定制或自主研发五大项学生管理系统，分别是门禁系统、学勤管理系统、综合素质学分系统、学生日常管理系统、智能用电管理系统。学校将五大学生管理系统进行集成，组建三大功能模块，通过信息共享实现功能板块之间的无缝对接。

(1) 学生基本信息管理模块。该管理模块主要是通过学生日常管理系统来实现，主要包含学生基本信息维护、家庭经济困难学生认定、国家奖助学金评审、勤工助学岗位管理与申报、评优评先、违纪处分管理，将学生基本信息与其他系统共享。

(2) 学生安全管理模块。该管理模块主要包括门禁系统、智能用电管理系统及其他系统配合实现。门禁系统可实现人员鉴别，保障公寓安全，与学生一卡通系统、学生考勤系统相结合可进一步实现对于学生晚归等违规违纪问题的监督；智能用电管理系统具有远程监测与控制等多项功能，与财务系统相结合实现网上缴费与查询等其他功能。

(3) 日常学习管理模块。该管理模块主要包括学勤管理系统与综合素质学分系统。学勤管理系统是学生旷课等课堂违纪情况记录的系统，结合一卡通系统，通过上课前刷卡，进行信息记录。综合素质学分系统是依据门禁系统和学勤管理系统的信息统计，进行数据处理得到综合学分并与教务系统建立联系，对学生进行打分评价。

3. 就业、毕业信息化

自主研发的就业信息系统，可以及时快捷地发布就业信息，对学生就业数据进行实时采集，为学校制定毕业生派遣方案提供了科学依据。该系统还可以实现与财务系统信息的资源共享，便于毕业生的费用网上审核与结算，缩短了办理毕业手续的时间，优化了毕业流程。同时也为各个二级学院修订完善人才培养方案，以及师资队伍建设等提供数据支撑。

5.4.5 智慧化育人特色

高职学生素质教育智慧管理一直是思想政治教育和学生管理关注的重

要问题。大数据时代的来临，高校学生管理工作应与时俱进，顺应大数据发展的要求，对高校学生教育进行智慧管理。"1368"学生教育智慧管理模式通过大数据信息实时采集、实时动态更新，对学生管理中存在的问题进行研判、诊断改进，这是大数据时代高校学生管理中面临的一个全新课题。高职学生素质教育管理经过长期的理论发展和实践探索，其理论体系已经逐步从过程论到认识论再到系统论，伴随着互联网的发展和大数据时代的到来，为了更好地加强高职学生素质教育，提高素质教育实施的有效性，及时动态地检测和改进高职学生的综合素质，有针对地对高职学生存在问题的各方面素质进行诊断改进。某学校在多年的研究与实践中，逐步探索出"1368"学生教育智慧管理模式，借助学校信息化平台，实时采集学生信息，实时研判学生发展走向，对学生进行可视化呈现，针对学生管理过程中的问题，精准发力。在"1368"学生教育智慧管理模式运行的多年实践经验中，逐步形成了一张具有学校特色的学生教育智慧管理名片。

1. 品牌特色

(1) "1368"学生教育智慧管理模式切实响应了习近平新时代中国特色社会主义思想的号召，突出新时代、新思想在思想政治教育中的指导地位。党的十九大以来，习近平总书记多次强调"以人民为中心""办好人民满意的教育"。"1368"学生教育智慧管理模式从根本上强调了以学生为中心，为学生的成长成才服务的办学理念。"1"是指以开展学生素质教育为目标，提升学生管理的实效性，强调了学生在学校工作的中心地位；"3"是依据大学生素质教育学分获得状况，形成辅导员、二级学院和党委学生工作部联动预警响应机制，开展及时有效的学生素质教育，强调了大数据时代学校教育主体之间的信息共享和教育联动；"6"是开展"六讲五不"学生实践教育活动，形成对学生综合素质的评价体系，为海量信息的筛选、学校教育平台信息的采集提供了观测的维度；"8"是界定清楚辅导员的八种双化身份，建立"八双"化辅导员管理模式。这就对"1368"学生教育智慧管理模式中的管理人员提出了数据采集和数据分析能力的要求。

"1368"学生教育智慧管理模式以学生发展为中心，强调学生管理者与学生个体之间的协调共振，有利于学生素质教育智慧管理系统中信息共享，有利于研判学生管理中的重难点，有针对性地发力，注重解决突出问题、差异问题，推进整个学生素质教育智慧管理整体实现同频共振、同向同行。

(2) 根据《教育部办公厅关于建立职业院校教学工作诊断与改进制度的通知》(教职成厅〔2015〕2号)和《关于印发"高等职业院校内部质量保证体系诊断与改进指导方案(试行)"启动相关工作的通知》(教职成司函〔2015〕168号)的要求，某校作为全国质量诊断改进的试点院校之一，形成了一套完整的学校品牌质量保证体系，"1368"学生教育智慧管理模式就是在这一学校品牌特色下开展的具体工作。采取"条块结合、以条为主、块为统筹"的工作体制，遵循"总体部署、全面动员、分步实施"的推进策略，本着"以核定点、以点串线、以线织面"的技术路线，落实"问题导向、自我保证、重在改进"的基本要求，基本建成内部质量保证体系，并形成诊断与改进的运行机制。

2. 育人特色

(1) 独特的育人模式。

建构"1368"学生教育智慧管理的育人模式。在系统论的指导下在一个宗旨和三个层面内联动六个内容、八"双化"身份协调统筹，按照 PDCA 的四步循环开展学生素质教育工作，这是从宏观到微观，从原则方法到具体方法，从外部影响到内部联动的新型育人模式。

(2) 特色的教育主体。

按照高职学生素质教育管理的目标要求，明确教育管理主体为辅导员、二级学院和党委学生工作部，明晰权责，使其形成 "五位一体"的统筹协调联动关系，共同开展学生素质教育。

(3) 校本化的素质教育考核评价体系。

根据高职学校的学生特点及学生的思想行为方式制定与之相适应且针对性较强的方法，以问题为导向，实时跟踪学生成长信息，运用学生管理智慧平台从海量信息中抓取所需学生的详细信息，了解学生的各种思想行为动态，综合数据信息开展诊断，有针对性地开展素质教育。

3. 实践特色

(1) "1368"学生教育智慧管理模式的构建和运行具有现实客观性。

本模式主要以学生管理平台、学校的诊断改进平台为依托，借助食堂消费信息系统、校园一卡通系统、公寓门禁系统、第二课堂考勤系统、教学考勤系统等平台，努力整合智慧校园资源，多方采集学生在校行为轨迹、人脉关系、消费记录等指标。通过对学生的信息数据、图片、视频、音频的处理分析，及时研判学生在素质发展过程中存在的问题，并针对问题学生及时进行素质教育管理，开展育人实践。

(2) "1368"学生教育智慧管理模式的实证研究是教育自觉能动性的体现。

为提高学生素质教育的质量和效果，辅导员、二级学院、党委学生工作部在统整联动机制下积极搭建智慧管理平台，同频共振、同向同行采取有效管理方法，运用 PDCA 循环质量诊断改进办法，对高职学生素质教育进行主动管理。

(3) "1368"学生教育智慧管理模式在实际工作中展现出强大的解决问题的能力。

在互联网发展和大数据时代到来之时，在系统论的指导下运用大数据平台建构的"1368"学生教育智慧管理模式，实施管理的主客体都置身于习近平新时代中国特色社会主义思想的引领下，试图建立大学生综合素质教育评价指标体系和运行模式；尝试将大学生综合素质管理目标进行三级分解，形成学校、二级学院、辅导员三级管理目标体系，指导开展具体的学生管理信息系统设置、学生素质教育学分认定、学生"六讲五不"校园活动开展、辅导员队伍"双化"发展，并统筹联动，协同发挥整合作用。某高校已在某些方面进行试行，但还尚未形成完整的模式，通过本项目的研究试图形成一套完整的学生素质教育智慧管理实践模式，开展实证研究并加以推广。

4. 成果特色

在习近平新时代中国特色社会主义思想指导下，"1368"学生教育智慧管理模式的构建和运行实时呈现高职学生素质教育智慧管理中的新问题，应用互联网技术和移动通信技术，采取 PDCA 循环质量管理的研究方法对学生素质教育的动态和趋势进行检测、诊断和改进，并建立一整套完整的"1368"学生教育智慧管理模式。此模式的运行有力地保证了学生大数据采集的客观真实性，教育主体的三联动机制形成，素质教育的内容方法机制形成，学生素质教育智慧管理机制形成。

本研究希望推动高职学生素质教育管理的不断发展与创新，进一步落实"立德树人、素质教育、协同驱动、要素优化"学生管理工作理念，努力将大学生综合素质管理落小、落地、落实。研究中形成的可推广的模式也将为重庆市教委、各高校进一步加强和改进学生综合素质管理工作提供决策参考，亦可为其他省市高校开展学生综合素质管理工作提供学习的模板，最终能够产生示范的经济、社会效应。

第六章 总结与展望

6.1 研究结论及实践经验

6.1.1 研究结论

根据质量冰山理论,个人的成就可根据不同的表达形式分为1/8和7/8,其中八分之一包含个人专业知识和能力等显性成就,八分之七包含职业道德和职业立场等隐性成就。明确的显性能力,如职业资格和学位,是一个人能力的主要指标之一。隐性能力并不总是容易识别和考量的,它是判断一个人是否足够好的基础。隐性能力是显性能力的重要支撑,是可以通过显性化的方式表现出来的水平和能力。质量冰山理论是衡量学生专业成就重要性的最佳理论依据。

1. 发挥学生自我教育主动性

(1) 发挥主观能动性,自我提升职业素质。

首先,要培养学生良好的行为习惯,树立良好的职业形象。学生的职业行为和生活习惯是职业素质不可或缺的组成部分,良好的习惯能促进人的成功。高职学生应该从日常琐碎小事做起,注意养成良好的行为习惯,养成符合企业实际需要的职业行为习惯。要注意树立个人形象,因为企业对自身形象的重视程度更高,其直接代表着企业形象。其次,培养正确的职场礼仪。专业素质中的礼仪实际上是职场礼仪,需要在日常工作和商务谈判中不断学习和积累。因此,高职学生应该充分利用闲暇时间,养成与老师交谈、与同学交流的习惯,并在社会实践活动中与同事、老板和睦相处,为今后的职业发展奠定良好的基础。最后,建立强烈的责任心和团队精神。责任心和团队精神是员工在工作过程中最基本的要求。责任心主要体现在完成和做好自己分内的工作，以确保实现工作目标。而团队精神是指集体合作的精神，要懂得礼貌和主动合作，共同努力，实现合作共赢。

(2) 加强实践体验，提升自身职业素质。

社会实践是提高学生专业素质的有效途径。学生可以在寒暑假期间参加社会实践活动。通过社会服务、企业培训、勤工助学和公益活动，加强职业素质的培养，加深对所学专业的认识，充分了解自己的社会地位，储备丰富的就业知识，有效提高竞争力。通过实践，学会竞争和合作，加强责任感和实践能力，提高参与社会实践的专业素质。

(3) 积极参加社团组织，提高自我职业素质。

在高职院校，教育活动最重要的载体是大学生的各种学会和社团，如乐队培训和乐器演奏学会、戏剧排练和表演学会、实践和展览的礼仪学会、绘画和书法学会以及文学学会。这些学会和社团不仅是学生成长的主要平台，也为他们提供了展示自己风格的机会。通过社团活动，学生参与社团管理，学会如何与他人相处和尊重他人。大学生社团活动是大学生专业素质培养的熔炉，对提高大学生职业素质有着重要的作用。高职院校还可以通过艺术节、商业设计竞赛、礼仪表演、社交礼仪等教育教学活动，提高学生的职业素质，加强学生综合素质的培养。

2. 发挥学校教育引导性

(1) 重视职业素质培育。

高职院校是学生提高专业素质的重要场所。要加强教育，重视学生职业技能的培养和提高，可以从以下几个方面入手：

第一，帮助学生制定职业计划，指导学生充分了解构成职业成就的相关因素，以明确界定其个人的职业目标。学生也要根据自己的长处和兴趣进行全面的自我评价，找到符合实际情况的职业方向，真正确立职业目标，树立诚实、敬业、奉献、团结、合作等先进的职业观念。

第二，充分发挥教师示范领导的作用。在学生成长的过程中，教师作为一个领导者发挥着重要的作用，在促进学生的专业成就方面起着关键的作用。只有在教师的正确指导和良好教育下，学生才能真正提高自己的职业素质，特别是对优秀教师而言，应该发挥表率作用。学生在校园生活学习中，与老师有着频繁的接触，老师每天的言行都会影响学生。因此，教师应严格规范个人的语言和行为，在育人实践中为学生树立良好的榜样，从而潜移默化地影响学生的思想和观念，使学生成长为企业所需要的专业人才。

第三，在课程体系建设和课堂教学中，要重视培养和提升学生的职业素质。从课程体系建设出发，高职教育应从规划课程系统、制定课程标准、合理安排教学内容入手，突出专业素质和能力培养的重要性。

(2) 发挥课堂教学主渠道作用。

职业素质的培养首先需要提高课堂教学效率。专业课程教学作为高等职业教育的核心内容，在培养职业素质方面发挥着不可替代的作用。高职教育有"三个面向"的说法，即面向学生、面向企业、面向社会。要实现三个面向，加强师资队伍建设是培养学生专业素质的主要途径。例如：音乐教育抓好五大能力，即歌唱能力、键盘唱歌伴奏能力、自我唱歌能力、音乐教学的组织能力以及舞蹈和合唱指挥等课外活动的组织能力；在物理课上有"模拟"教学，例如针对粒子和点电荷、速度和加速度、引力和势能等，可以把复杂和抽象的问题变成简单的图像。同时，专业课教师要不断加强学生的竞争意识、团结协作精神和服务观念，使学生意识到自己的责任和义务。高职院校可以通过"分层"培训、"定向"教学和以家庭为中心的"课堂"等形式开设课程，旨在培养学生的专业技能和职业素质。此外，高职院校还可开设职业指导和心理健康教育等课程，使学生能够进一步了解社会发展的动态和工作场所的概念，并确立正确和合理的价值取向。因此，课程教学是培养专业素质的必经途径。

(3) 充分利用实习实训平台。

高等职业教育的主要目标是培养高素质的技术人才，通过实践教学进行技能培训。在高等职业课程中，实践性教学非常重要，许多职业学校为学生提供一年的实习和实践培训。学校应利用学生实习平台，使学生了解企业的具体要求，即每个员工都要明确职责，有良好的业务素质，在工作中注意维护企业的利益；同时，使学生认识到企业员工不仅要掌握专业知识和技能，而且要有团队合作意识。在实践过程中，学生能够更全面地了解企业精神，从学生的角色转变到专业人员，因此要借助实践平台，培养学生在实际环境中的专业素质，使学生形成良好的职业习惯。

(4) 充分发挥第二课堂作用开展课外活动。

高职院校应采取合理措施，积极开展补习班和课外活动，为学生提供独立锻炼和课外学习的机会，培养学生的职业素质。如体育课教师可以开展武术训练、篮球、排球等项目研究形式的课堂辅助活动，语文老师开展课外戏剧排练、故事板、演讲比赛、抄写比赛等活动。应注重项目实践，提高学生的专业素质。首先，组织学生根据自己的专业特点选择兴趣爱好和活动，增强学生的能力。其次，引导学生树立创新创业观念，培养学生的创业创新能力。最后，鼓励学生在寒暑假期间到农村去，使学生能够用自己的专业知识为农业、农村和农民服务。通过社会研究，可以提高学生的社会实践能力，为其职业发展奠定良好的基础。

(5) 深化校企合作，共创良好环境氛围。

高等职业教育与普通本科教育最明显的区别在于高校与企业的合作以及工学结合。在实践过程中，高等职业教育需要企业的大力支持和积极参与，尤其是在提高学生专业素质的进程中。目前，大多数高职院校都为学生保留一年的实习时间。教师应抓住机遇，通过在职培训让学生参与企业的生产活动。只有学生在企业实习，才能真正体会到企业的生产氛围和员工的专业素质。督促学生主动增强责任心和团队意识，提高专业素质。此外，各院校还可以聘请企业优秀教师向学生传授个人经验，用老师的实际经验向学生讲解励志故事，并通过学生自身的经验和经历培养他们的敬业精神，使他们焕发出更多的积极活力，进一步促进其专业素质的形成。实践证明，只有有效地深化学校与企业的合作，才能使学生体验企业文化，了解企业、掌握管理规律，能有效进行团队合作和提高工作效率，这些是学生未来职业素质形成的基本要求和动力。

3. 发挥评价体系的科学性

高职院校制定的隐性职业素质培养措施必须有相应的评价体系，才能通过量化评价的方法来检验培养效果。量化评价是将评价内容转化为具体的量化形式，从大量的数据中收集和整理出期望的结果，从而实现有效的量化评价和综合评价。比如现在采用的学分制就是对高职学生隐性职业素质进行量化评价的方法。

(1) 以社会需求为目标。

归根到底，高职院校隐性职业素质是为了满足社会对人才的需求。因此，应该以社会需求为目标，评估能否达到高职学生专业素质培养的目标。高职院校运用评价标准对学生进行分析和评价，并在学分制的基础上，综合考虑学生在学科、团队合作、日常行为、专业技能等方面的表现，全面评价高职学生隐性职业素质培养的效果。通过构建隐性职业素质的评价指标体系，采用问卷调查或实地调查等方法，掌握高职学生的隐性专业素质，如考查学生与团队合作的意愿或是否主动帮助他人等。

(2) 以企业需求为导向。

高职院校培养学生隐性职业素质，应以企业需求为导向，结合企业用人标准，从企业对人才的实际需求角度进行量化评价和综合评价。如果能参照企业就业标准中的专业素质、责任心和勤奋工作程度对学生进行量化考核，形成学分制，就能直接体现高职学生的隐性专业程度，更深刻地提高学生爱岗敬业的意识，树立诚信、公平的价值观。学校还应当建立一支高素质、专业化的高职学生职业指导师资队伍，以职业规划为起点，将隐性职业素质的培养贯穿于高职学生的整个职业生涯中，逐步提高学生的职业道德修养和专业素质，使他们毕业后能够迅速适应社会，顺利就业。

(3) 以学生的成长需求为归宿。

在学分制定量评价指标体系下，高职学生隐性职业素质的培养应是促进学生成长需要的终极目标，引导学生加强对主观意识的反思，实现自我管理和自我约束，不断提高自身综合素质，使其隐性专业素质朝着更加积极、健康向上的方向发展。

(4) 强化高职学生的职业综合素质。

高职学生隐性职业素质的形成，除了需要学生自身努力外，还需要加强纪律性。只有严格自律的学生才能被视为具有专业素质的人才。因此，在高等职业教育的办学过程中，应构建具有军事风格和专业素质的学生教学管理体系，培养德才兼备的高素质综合人才。强调与"5S"企业管理相适应的人才培养模式，从早起、早操、宿舍安排到学生课堂学习、自学到就寝时间，使高职学生养成遵守纪律、服从集体、团结协作的生活习惯，适应企业发展的新要求。要通过丰富多彩的课外文化生活来拓展高职学生的隐性职业素质，根据未来企业对职业人才的需求，将高职大学生的思想道德教育和专业素质教育融入课外文化中。学校还可以组织高职学生参与社会福利活动，激发学生的社会责任感和正义感，培养他们的事业心，提高他们的隐性专业素质和个人综合素质。

(5) 优化评价机制。

健全的评价机制可以更好地指导学生专业素质的未来走向。评价机制是指对高职学生的职业成就进行客观、真实评价的评估机制，它对大多数学生未来的职业成就具有引导、测试、控制和激励作用。以往的专业成就考试制度具有"终身"的显著特点，主要考核学生的专业知识和能力，而不注重职业成就的测试。在高等职业教育中，应在教育教学和人才培养评价中体现职业素质培养的核心地位、专业素质与理论和专业能力的比例，突出培养学生职业技能的重要性，体现评价的合理性和实用性。因此，高职院校应构建合理可行的评价机制，综合评价学生的职业素质、专业知识和能力，使学生能够满足用人单位的实际需要，确保人才培养目标的实现。从对学生专业素质的评价看，不仅要注重学生对所学专业基本概念、基本方法和主要技能的认识和具体掌握，还要注重他们运用所学知识思考问题的实际能力，以及他们在社会实践中的总体表现。不仅要对学生未来的专业知识和专业理论能力进行评价，而且要主动关心他们的专业素质和集体精神。高职学生的职业素质评价机制不仅要强调理论与实践的紧密联系，更要将过程评价与最终评价相结合，使其发挥评价体系的重要作用，促进高职学生职业素质的良性发展。高职院校应重视人文素质教育，开设文科审美选修课，通过社团形式拓展学生校园文化生活，保证学生综合素质的和谐发展，提高语言表达能力，发挥当代学生的高情商和见识广的优势。

6.1.2　实践经验

1. 智慧化培养机制更加成熟

(1) 建立一套可借鉴推广的学生教育智慧管理模式。

学生教育智慧管理模式的构建和运行，能实时展现高职学生素质教育管理中的问题。应用互联网技术和移动通信技术，采取大数据分析和 PDCA 循环质量管理的研究方法，建立完整的学生教育智慧管理模式，以对学生素质教育的动态和趋势进行检测、诊断和改进。该模式对"立德树人"理念的落地和落实起到了良好的推动作用。自 2014 年试行以来，效果较为显著，为重庆市教委、各高校进一步加强和改进学生综合素质管理工作提供了有效的决策参考，也为其他省市高校开展学生综合素质管理工作提供了学习的模板，产生了较好的示范效应。

(2) 学管层面建立起党委学工部、二级学院、班级辅导员三级联动机制。

"1368"学生教育智慧管理模式形成了"纵向多层级联动、横向多维度协同"的合力育人机制，既保证了学生大数据采集的客观真实性，又有助于教育主体间的联动机制形成，有力地推动了学校的三全育人工作。

(3) 搭建服务学生素质养成的成长轨迹智能化监测与预警机制。

"1368"学生教育智慧管理模式以学校的诊断改进平台为依托，借助校园大数据资源，多方采集学生在校行为轨迹、人脉关系、消费记录等指标，依据学生管理平台提供的数据信息，管理主体能够对学生的综合素质发展水平和发展方向进行研判，及时发现学生管理工作中存在的问题与不足，并进行预警，进而有助于学校调整学生工作的重点。

(4) 建立辅导员"八双"管理育人内生动力机制。

"八双"指辅导员队伍管理的"八双"模式，即双身份(教师、管理人员)、双师(教师、导师)、双化(专业化、职业化)、双管理(学生工作部门、二级学院)、双培训(校内培训、校外培训)、双指导(学院导师、学校导师)、双评价(学校评价、学生评价)、双考核(二级学院考核、学校考核)。这是对学生思想政治教育的责任人——辅导员的素质要求，即让教育者先受教育，开出教育者提升能力、水平的路径清单，进而明确其执业标准，建立起辅导员队伍的准入准出机制。

辅导员的"八双"管理，促成了高素质学工队伍的形成，为重庆电子工程职业学院的管理育人提供了重要支撑。学校成立了高校思想政治教育研究会，立项市级以上课题 50 项，公开发表学术论文 200 余篇，出版专著、教材 5 部；"十四五"期间在重庆市辅导员素质能力大赛中荣获一等奖 5 人次；重庆市辅导员择优资助计划项目 2 项，重庆市优秀辅导员 4 人次，重庆市高校辅导员年度人物和重庆市最美辅导员分别 1 人次，重庆市高校优秀思想政治教育工作者 3 人次。辅导员"八双"管理，促进了学校学生教育管理理论研究，理论成果引领全校育人改革，推动了学校学生管理实践迈上新台阶。学工部部长受邀到中北大学、江苏信息职业学院、重庆市商务职业学院等市内外 20 余所院校做智慧化培养机制的应用推广专题报告；吸引 50 余所兄弟院校来校交流学习；吸引人民网、华龙网和马来西亚官媒等海内外媒体采访报道，发挥了较好的应用推广作用。

2. 智慧化人才不断涌现

1）学生层面

一是学生就业创业率高。以创新引领创业，以创业带动就业。师生共获(发明)专利上千项，近三年就业率持续保持在 98%以上，成功孵化 228 家创新创业企业，带动 2612 人就业，获得 92 项省部级以上创新创业竞赛奖励。

二是涌现出"全国高校创业英雄十强""第十一届中国大学生十大年度人物"杨成兴、中科院院士助手柯聂桐、蓝桥杯国际大赛银奖卓洪、长安集团"国家技术能手"田钚等一大批高素质卓越工匠。

三是校学生会当选为第二十六届全国学联主席团单位。

四是"五育并举"，高水平运动代表队拉动学生素质全面发展。学校学生男子足球队连续九届获重庆高校校园足球联赛冠军，连续五年打入全国大学生校园足球总决赛，2021 赛季，获全国总冠军；学校啦啦操代表队获 16 项全国冠军。

五是被团中央命名为"团学改革示范点"高校。

六是成为重庆市教委学生管理规定起草和审定专家单位。

七是成为重庆市大学生思想政治教育"十四五"规划起草成员单位。

2）师资队伍层面

学生教育管理理论研究成果引领育人改革，这方面的成果有：

一是近三年学工队伍公开发表学术论文 271 篇，立项市级以上管理育人课题 57 项，获批经费 181.3 万元。

二是成为全国学生管理工作研究会常务理事单位。

三是成为中国高教学会学生公寓管理委员会专家库成员单位。

四是《高职新生入学教程》《基于目标管理的高职学生思想政治教育创新模式研究》均获中国高教学会学生管理分会优秀学术成果一等奖。

五是学校主持的全国高校践行社会主义核心价值观典型案例《熔铸六讲五不平台，落细落小落实社会主义核心价值观》被评为团中央经典案例。

六是特色创新项目《大数据时代下高校学生思想政治教育"1368"智慧管理模式研究》推报为教育部规划课题。

6.2 存在的问题及未来展望

6.2.1 存在的问题

1. 信息化建设互联互通不足

智慧校园信息管理系统中一些功能模块重复，一些信息模块尚不能实现共享，导致在数据统计中存在多头重复的问题，给一线工作人员造成了额外的工作负担。信息更新存在一定滞后，个别信息员未及时更新信息数据，不能在第一时间实现信息共享。

2. 五育融合不充分

一方面，对于除智育以外的其他四育，在学分认定过程中过于依赖过程性材料，对学生的实际教育效果跟踪检测不明显；另一方面，其他四育容易简单混淆为德育来进行综合素质学分认定。

3. 学生综合素质学分认定科学性有待优化

一方面体现在学生随意上传认定材料，未严格按照学校要求落实教育教学计划；另一方面体现在辅导员等审核员在审核把关中标准不严，审核粗放，造成素质学分认定存在流于形式、实效性不强的问题。

4. 学生素质教育清单亟须优化

这方面的问题主要体现为德智体美劳菜单中，美育、劳育菜单建设滞后，缺乏量化性评价，不能完全反映学生的成长实际；素质教育清单无导出、打印功能，尚未融入学生成长档案，未能成为用人单位的评价性材料。

6.2.2 未来展望

职业教育的变化映射着特定历史时期的经济体制变革和社会生态发展，新中国成立 70 年以来，我国职业教育取得了巨大的发展，在教育领域里从无人问津到备受瞩目，形成了规模巨大、体系完善、结构合理的职业教育供给现状。面向教育现代化 2035，想要进一步满足人民群众对高质量高层次的职业教育的需求，发挥职业教育对于培养劳动者核心职业能力、深化教育体制改革、助力经济结构转型、激发全社会生产力和创造力的作用，必须从职业教育的供给端着手，推动职业教育体制改革和创新，使供给质量更为优质、供给方式更加多元、供给结构更加合理，以满足不同社会群体的职业教育需求。

1. 确立"多元取向"的职业教育供给理念

(1) 在当前强调教育资源分配均衡的社会背景下，确立"公平与效率并行"的职业教育理念十分重要。

在改革开放之后，由于经济的发展，精神财富和人力资源的需求也越来越多，为此，政府确立了以效率优先引导职业教育发展的方针。伴随着科技的发展和社会的进步，人们对于接受高质量教育的需求愈加旺盛，这就越需要政府提供更具效率，更加公平，可持续发展的职业教育。政府应通过更具操作性的政策,来调节市场机制下职业教育资源分配不均的问题,以此来保障弱势群体和落后地区的教育权益。例如, "职业教育资源要向欠发达地区倾斜" "统筹城乡职业教育均衡发展,实现职业教育一体化" "中等职业教育免费制度还需继续推行,建立健全职业教育贫困生资助制度"等一系列政策的制定、落实,正是对这一资源分配不均问题的应对措施。

(2) 要确立以人为本、全面发展的培养理念。

在过去,因为我国更多强调的是职业教育对于促进经济发展的社会价值,却忽视了职业教育的本体价值——促进人的能力养成及全面发展。未来职业教育供给应更加注重内涵建设,建立起融合职业知识、职业精神、职业技能为一体的职业教育发展观,在职业技能培养中更重视关键能力的培养、未来职业道路的规划和个人理性的发展。正如在 2019 年的政府工作报告中李克强总理所提出的那样: "我们要以现代职业教育的大改革大发展,加快培养国家发展急需的各类技术技能人才,让更多青年凭借一技之长实现人生价值,让三百六十行人才荟萃、繁星璀璨。"只有遵循"国家主义"同"个人主义""社会价值"同"本体价值"的职业教育价值理念的有机融合,才能促进职业教育为社会主义现代化建设事业服务,为广大青年群体创造出人人出彩、个个就业的理想社会环境。

2. 形成"多元主体复合供给共同治理"的供给格局

(1) 推进管理评价的分离,建立国家、学校和社会的新型关系。加快职业教育参与主体治理能力现代化建设,推动政府整体管理、自主办学和社会参与治理模式的发展。中央政府应继续下放其职能,进一步扩大地方政府和职业学校管理与分配人员、资金和物品的权力,并加强教育行政部门与财政部和人力资源部等其他部门之间的协调。在中央政府下放职能的同时,教育部门也应该结合相应的法律法规、政策制度等引导和督促学校规范、灵活办学,鼓励职业院校总结自身发展规律,明确自身的发展特点,探索职业院校提高人才培养质量的新途径。

(2) 规范多学科供给的运行机制,形成政府监管和校企合作的组织体系。根据奥斯特罗姆机构分析学派提出的多中心治理理论，政府作为职业教育的多元提供者之一，是一种监督机构。政府应从宏观角度，通过立法、拨款和相应的行政手段，调控职业教育发展的方向、规模、速度、重点和布局，并对高职院校的办学行为和质量进行评价和监督，以此来提高高职院校的办学质量。

(3) 高职院校要增强自主竞争意识，提高办学质量和办学效益。作为专业人才的培养部门，衡量其供给质量的重要因素是学生是否被市场认可和社会需要，能否发展可持续的职业。高职院校应在顺应政府相关制度的基础上，努力提高学生的市场竞争力，通过扩大办学自主权，积极推进内部管理机制改革和教学改革，使其能提供的劳动力规模、水平和质量更准确地与市场需求相匹配。

(4) 通过行业企业、高职院校和相关部门的合作实现了集团化办学。

通过协调各方利益，进一步发挥职业教育资源的整合功能，促进学校建筑、设备、实践培训条件和教师的资源建设与共享，以合理回报的方式调动各利益相关者的积极性，实现集体化办学的组织目标，推动教学、工业和利益链条的有机整合。

3. 职业教育人才供给要更加公平、更有质量

(1) 构建具有公平性的中国特色职业教育体系。

构建具有公平性的中国特色职业教育体系，指的是进一步实施普职融通、中高职衔接，确保每个个体都能享受到公平的职业教育资源，并推动各职业教育行为主体自觉行动，把满足社会经济发展需要和个人理想追求完美融合。在现有教育体系的基础上，将职业准备、继续教育、职业培训纳入教育体系当中，进一步从上至下地延伸，力图突破现有的体系内部衔接不顺、沟通不畅、体制不健全等问题，建立一个普职融通、中高职衔接、完善制度保障的中国特色职业教育体系。

(2) 以卓越师资队伍引领职业教育质量提升。

借鉴国外职业院校教师队伍的培养方案，通过完善法律规章、拓宽师资来源渠道、严格准入资格、畅通培训机制等方式进一步提高我国职业院

校的师资水平和人才培养质量。将目光看向为社会主义现代化建设提供高素质劳动力和技术技能型人才的目标上，职业院校在师资队伍构成中应体现"理论与实践相结合"的原则。无论是什么类型的教师，都应该具有丰富的知识储备和实践经验，并以高尚的职业道德来要求自己，这样才能够成为合格的技术型师资。

(3) 以职业院校为核心释放职业教育人才供给活力。

改变我国职业教育传统办学模式的重要突破点是"校企合作、产教融合"的方式，专业设置应根据区域资源优势和产业结构特点进行合理调整，在为职业院校学生创造更多就业机会的同时，以智力和人力助力区域经济结构转型发展。同时，教学内容要与生产内容相衔接。职业教育是以就业为导向的教育类型，其教学过程与注重学科知识体系的普通高等教育大为不同，职业院校要积极主动与企业建立合作育人机制，让学生走出课堂，走进生产车间，以此达到学生课堂所学能够用于生产实践，并服务于生产实践的目标。在巩固专业技能的同时，为企业带来生产效益。

(4) 解决好"招工难"和"就业难"的结构性矛盾。

要解决好"招工难"和"就业难"的结构性矛盾，关键之处是高职院校要大力培养适合市场需要的职业人才，职业院校应建立劳动力市场调查中心，定期进行市场调研，为学校进行专业调整和人才培养方案调整提供现实依据，为学生提供客观有效的就业信息和服务指导。在政府做好顶层设计、统筹规划的同时，职业院校也应积极推进内部管理体制改革和做好资源配置工作，释放办学活力与生机，以高质量办学吸引大量优秀青年进入职业院校学习，为社会主义建设培养更多高素质劳动者和技术技能型人才。

参 考 文 献

[1] 刘伟. 现实逃避与虚拟满足：中职生沉迷手机游戏的社会心理学分析[D]. 杭州：浙江师范大学，2021.

[2] 杨小燕. 德国双元制对我国高等职业教育工学结合培养模式的启发[J]. 世界教育信息，2010，19(4)：55-57.

[3] 涂运祥. 高职院校学生职业精神培养探析[J]. 新疆职业教育研究，2018，9(2)：12-14，29.

[4] 谈正秋. 高职院校学生职业核心能力培养的思考[J]. 中小企业管理与科技，2012，2(11)：235-236.

[5] 梁玉国，夏传波，杨俊亮. 高职院校学生职业核心能力培养的思考与实践[J]. 中国高教研究，2013(3)：94-97.

[6] 肖润花，李珊珊. 高职学生创新创业核心素质研究[J]. 教育与职业. 2018，(10)：71-75.

[7] 张奕，朱泽东. 技能型社会建设背景下职业教育高质量发展审思[J]. 职业技术教育，2022，43(16)：34-39.

[8] 肖德钧. 高职院校学生职业核心能力与培养途径[J]. 天津市教科院学报，2013，(3)：36-38.

[9] 霍雄飞. 高职院校学生职业素质培养路径研究[J]. 中国职业技术教育，2014，(28)：82-85.

[10] 刘红煜，黄晓峰，张爱华，等. 高职院校学生职业核心能力培养的实践研究[J]. 赤子(上中旬)，2014，(19)：148.

[11] 梁文鹏，张巍峰，曹丽娟，等. 高职院校学生职业核心能力培养研究[J]. 山东高等教育，2014，2(4)：61-70.

[12] 杨桂娟，陈兴云，艾俊顺. 高职院校学生职业素质培养途径探讨[J]. 工业技术与职业教育，2014，12(4)：27-29，33.

[13] 王智海.培养高职高专学生核心职业素质的实践[J].天津中德职业技术学院学报,2015,1(1):58-60.

[14] 胡晶君,管小青.论文科高职学生职业核心能力自我培养体系构建[J].教育与职业,2018,10(20):84-86.

[15] 朱佳艺.基于胜任力模型的高职院校"双创"人才的核心能力与培养路径[J].温州职业技术学院学报,2018,18(2):46-49,79.

[16] 徐燕.建立高职院校学生生涯管理体系的实践研究[J].山西青年,2022,4(8):171-173.

[17] 谢彤,夏勇子.高职院校学生职业素质培养的现状调研及对策[J].领导科学论坛.2016,12(23):71-72,77.

[18] 李家华,陈勇平,陈政石.高职院校学生隐性职业素质培养及内化机制实践研究[J].现代商贸工业.2017,6(17):172-173.

[19] 涂运祥.高职院校学生职业精神培养探析[J].新疆职业教育研究,2019,9(2):12-14,29.

[20] 冯亚,杨惠欣,董燕.论新常态下高职学生发展核心素质的紧迫性及策略:基于高职院校人才培养供给侧改革的思考[J].科教文汇(上旬刊),2017,12(12):96-97.

[21] 高伟伟.高职院校学生职业素质培养研究[J].创新创业理论研究与实践,2018,1(4):11-12.

[22] 姚婷,陈金玲,孔帅.高职院校学生核心素质培养的研究与实践:以构建学生成长档案为视角[J].佳木斯职业学院学报,2018,4(4):32,34.

[23] 姚燕,李彩云.高职院校学生职业核心能力培养探究[J].济南职业学院学报,2018,4(2):16-18.

[24] 曾金发.高职院校学生职业核心能力培养路径的探索[J].现代商贸工业,2018,39(21):175-176.

[25] 李光亮.职业院校学生发展核心素质培养与职业素质教育类教材开发[J].中国职业技术教育,2018,8(23):83-86,93.

[26] 曹媛.高校思想政治教育与创新创业教育协同育人模式[J].西部素质教育,2020,6(3):31-32.

[27] 陈丽如. 高职院校学生职业核心素质培育探析[J]. 教育与职业，2019，3(6)：56-58.

[28] 付锐. 基于课程思政的高职学生职业核心素质培养研究[J]. 科技视界，2019，3(9)：177-178.

[29] 郭金龙，龚绍波，李银春. "互联网+"时代高职院校学生职业核心素质培育[J]. 河北职业教育，2019，3(3)：20-24.

[30] 金广. 新职业生涯时代职业核心能力初探[J]. 中国市场，2020，4(12)：173-174.

[31] 路凯飞，雷凯，马天昕. 高职院校学生职业核心素质培养模式构建与路径研究[J]. 北京经济管理职业学院学报，2020，35(2)：75-80.

[32] 孙锋申，高慧，屈淑萍，等. 产教融合视域下高职院校职业核心素质"三融四改"培育模式研究[J]. 福建茶叶，2020，42(2)：293.

[33] 白雨晴，高军. 人工智能背景下高职院校学生核心素质的培养路径研究[J]. 西北成人教育学院学报，2020，1(1)：41-44，59.

[34] 莫校晴. 新经济常态下高职院校学生核心素质培养分析[J]. 科技资讯，2020，18(12)：238-239.

[35] 承湘宇. "三全育人"理念下高职院校辅导员提升学生职业核心素质的路径研究[J]. 创新创业理论研究与实践，2020，3(19)：99-101.

[36] 郑冬梅，马子雯. 新时代高职院校学生职业核心素质培养探析[J]. 陕西青年职业学院学报，2021，1(1)：27-30.

[37] 王健龙. 新时代高职学生劳动精神培育的路径研究[J]. 杨凌职业技术学院学报，2022，21(1)：56-59.

[38] 谭起兵. 1+X制度下高职"一径三系"职业核心素质培养模式研究[J]. 天津职业院校联合学报，2021，23(6)：61-67.